O PENSAMENTO
DE EMMANUEL

MARTINS PERALVA

O PENSAMENTO DE EMMANUEL

Copyright © 1971 *by*
FEDERAÇÃO ESPÍRITA BRASILEIRA – FEB

9ª edição – Impressão pequenas tiragens – 7/2025

ISBN 978-85-7328-625-0

Todos os direitos reservados. Nenhuma parte desta publicação pode ser reproduzida, armazenada ou transmitida, total ou parcialmente, por quaisquer métodos ou processos, sem autorização do detentor do *copyright*.

FEDERAÇÃO ESPÍRITA BRASILEIRA – FEB
SGAN 603 - Conjunto F - Avenida L2 Norte
70830-106 – Brasília (DF) – Brasil
www.febeditora.com.br
editorial@febnet.org.br
+55 61 2101 6161

Pedidos de livros à FEB
Gerência comercial
Tel.: (61) 2101 6161 – comercial@febnet.org.br

Adquirindo esta obra, você está colaborando com as ações de assistência e promoção social da FEB e com o Movimento Espírita na divulgação do Evangelho de Jesus à luz do Espiritismo.

Dados Internacionais de Catalogação na Publicação (CIP)
(Federação Espírita Brasileira – Biblioteca de Obras Raras)

P427p	Peralva, Martins, 1918–2007 O pensamento de Emmanuel / Martins Peralva. – 9. ed. – Impressão pequenas tiragens – Brasília: FEB, 2025. 282 p.; 21 cm. – (Coleção Martins Peralva) ISBN 978-85-7328-625-0 1. Emmanuel (Espírito). 2. Espiritismo. I. Federação Espírita Brasileira. II. Título. III. Coleção. CDD 133.9 CDU 133.7 CDE 10.00.00

Sumário

	Introdução	11
1	Mundos habitados	17
2	Alma e pensamento	23
3	Perispírito	31
4	Ante a morte	37
5	Vida espírita	43
6	Espiritismo e pobreza	49
7	Palingenesia	55
8	Evolução	63
9	Tempo e lugar	69
10	Mortes prematuras	75
11	Reencarnação e hereditariedade	83
12	Reencarnacionismo, sim	91
13	Sexo e mocidade	97
14	Sexo e amor	103
15	Lembrança da vida física	113
16	O ontem no hoje	119
17	Fases da reencarnação	125

18	Aborto delituoso	135
19	O Espírito é tudo	141
20	Esquecimento na carne	147
21	Atividade espiritual	153
22	Sono e sonhos	161
23	Benfeitores	167
24	Perdão	173
25	Eficácia da prece	179
26	A legenda sublime	185
27	Casamento e sexo	193
28	Espiritismo e eutanásia	199
29	Influência espírita	205
30	Espiritismo e riqueza	211
31	Renovação e entendimento	217
32	Espiritismo e livre-arbítrio	223
33	Prática do bem	229
34	Perda de entes queridos	235
35	Suicídio	241
36	Penologia e eutanásia	249
37	Remorsos	255
38	Espiritismo e penas futuras	261
39	Sintonia	267
40	Depois da morte	275

"Estas coisas vos tenho dito para que tenhais paz em mim. No mundo passais por aflições; mas tende bom ânimo, eu venci o mundo."
Jesus (JOÃO, 16:33.)

Espírito de Verdade, agradeço os teus sábios conselhos. Aceito tudo, sem restrição e sem ideia preconcebida.

Senhor! pois que te dignaste lançar os olhos sobre mim para cumprimento dos teus desígnios, faça-se a tua vontade! Está nas tuas mãos a minha vida; dispõe do teu servo. Reconheço a minha fraqueza diante de tão grande tarefa; a minha boa vontade não desfalecerá, as forças, porém, talvez me traiam. Supre a minha deficiência; dá-me as forças físicas e morais que me forem necessárias. Ampara-me nos momentos difíceis e, com o teu auxílio e dos teus celestes mensageiros, tudo envidarei para corresponder aos teus desígnios.

Cântico de Allan Kardec ao ser informado pelo Espírito de Verdade da missão que lhe caberia desempenhar como Codificador do Espiritismo. (*Obras Póstumas*, de Allan Kardec, Segunda Parte, "Minha missão".)

Lembro-me de que num dos primeiros contatos comigo, ele, Emmanuel, me preveniu que pretendia trabalhar ao meu lado, por longo tempo, mas que eu deveria, acima de tudo, procurar os ensinamentos de Jesus e as lições de Allan Kardec e, disse mais, que, se um dia ele, Emmanuel, algo me aconselhasse que não estivesse de acordo com as palavras de Jesus e de Kardec, que eu devia permanecer com Jesus e Kardec, procurando esquecê-lo.

Palavras de Francisco Cândido Xavier quando o Dr. Elias Barbosa, entrevistando-o, perguntava se Emmanuel já lhe fizera alguma referência especial sobre Allan Kardec. (*No mundo de Chico Xavier*, edição Calvário, 1968.)

Vi a floresta perder-se de vista e o patrimônio extenso entregue ao desperdício, exigindo o retorno à humanidade civilizada e, entendendo as dificuldades do silvícola relegado à própria sorte, nos azares e aventuras da terra dadivosa que parecia sem-fim (o Brasil), aceitei a sotaina, de novo, e como Padre Nóbrega conheci, de perto, as angústias dos simples e as aflições dos degredados. Intentava o sacrifício pessoal para esquecer o fastígio mundano e o desencanto de mim mesmo, todavia, quis o Senhor que, desde então, o serviço americano, e, muito particularmente, o serviço do Brasil, não me saísse do coração. A tarefa evangelizadora continua. A permuta de nomes não importa.

Trecho de mensagem particular de Emmanuel, senador romano na época de Jesus, com o nome de Publius Lentulus (reencarnado depois na pessoa do Padre Manuel da Nóbrega) ao médium Francisco Cândido Xavier. (Extraído do livro *Trinta anos com Chico Xavier*, do prof. Clóvis Tavares, edição Calvário, 1967.)

Introdução

Jesus, o Mestre Excelso — Kardec e Emmanuel...

O Divino Amigo legou à Humanidade, no glorioso cenário da Palestina, mensagem de eterno amor e ilimitada sabedoria.

O insigne missionário lionês, na França do século XIX, restaurou, em toda sua plenitude, tendo em vista as naturais deformações e interferências resultantes de dois milênios de trânsito pelas artérias da inteligência humana, a pureza daquela mensagem que inundou de esperança e fé, heroísmo e luz os cristãos do primeiro instante.

Emmanuel, que, na época de Jesus, encarnava, em Jerusalém, a singular personalidade do senador romano Publius Lentulus, utilizando, em nossos dias, os recursos mediúnicos de Francisco Cândido Xavier, reaviva, no Brasil e para o mundo inteiro, o esplendor da mensagem cristã, ao mesmo tempo que, coadjuvado, nos planos mais altos, por iluminados companheiros, coordena, com segurança e equilíbrio, a obra de desenvolvimento, de expansibilidade da filosofia kardequiana, em atendimento às necessidades hodiernas.

Jesus, Kardec e Emmanuel identificam-se, assim, pelo sublime ideal de esclarecimento à Humanidade, para que o sentimento dos homens reencontre o endereço de Deus.

Kardec e Emmanuel completam, inegavelmente, a divina missão do Cristo, ofertando-nos o que melhor poderíamos almejar para a corrigenda de equívocos e definitiva superação dos obstáculos espirituais que ainda dificultam nossa ascensão para o amor.

Jesus, evidentemente, é o amor sem fronteiras que a todos envolve e fascina, ampara e magnetiza.

O "pão da vida", a "luz do mundo", o Guia supremo.

Allan Kardec, o inolvidável codificador, entrega-nos, generoso, os tesouros do Espiritismo Codificado, destinado a recompor, no tempo e no espaço, as verdades do Celeste Amigo.

Emmanuel, trocando a túnica romana pela luminosa roupagem da vitória espiritual, oferece-nos, continuando-lhes a obra majestosa, páginas de notável conteúdo doutrinário-evangélico que nos induzem ao equilíbrio na jornada evolutiva.

Em 1957 e 1961 — quando publicávamos *Estudando a mediunidade* e *Estudando o Evangelho* aludíamos ao nosso objetivo: servir, com sinceridade e amor, à causa do Evangelho e do Espiritismo.

Escrevendo, agora, *O pensamento de Emmanuel*, o mesmo propósito nos anima, o mesmo ideal nos acalenta e enternece.

Introdução

Nas páginas deste livro, escrito com o coração e desejando, acima de tudo, servir modestamente à Doutrina dos Espíritos, que tantas bênçãos nos há proporcionado no curso de nossa existência, procuramos evidenciar a perfeita correlação entre a mensagem de Jesus, a Codificação de Allan Kardec e a opulenta literatura mediúnica de Emmanuel.

O Cristianismo, apesar da valiosa cooperação dos apóstolos, honorificada pela grandeza de tantos mártires, centelhas inextinguíveis no sacrifício e na renunciação, tem em Jesus o seu próprio fundamento.

A Doutrina dos Espíritos contou, igualmente, com uma plêiade de eminentes colaboradores, com destaque especial para Léon Denis, Gabriel Delanne e Ernesto Bozzano.

Temos, contudo, em Allan Kardec, no plano físico, sua mais rutilante figura.

A missão universalizadora do Evangelho tem o inestimável concurso de valorosas entidades e devotados obreiros encarnados, inebriados de emoção, idealismo e certeza.

Todavia, pela inspiração, cultura e bondade, sobressai, *omnium consensu* [por unanimidade], o nobre Espírito Emmanuel cujos ensinos adentram, com extrema facilidade, a inteligência e o coração humanos.

Desde 1927, quando o seu fiel instrumento — Francisco Cândido Xavier — iniciava com humildade, em Pedro Leopoldo (MG), os trabalhos da psicografia, o grande benfeitor vem transmitindo, de maneira infatigável, livros e mensagens sobre vários ramos do saber, a maioria consolando almas, fortalecendo corações em desalento, iluminando inteligências que se perdem nos sombrios desvãos do orgulho e da crueldade.

Não temos o intuito, neste livro escrito com amor e respeito ao médium e ao seu abnegado Instrutor, de louvar, levianamente, a um e outro, inclusive porque disto não necessitam eles.

No entanto, se dar testemunho, com vistas ao futuro da fidelidade espírita cristã; da vida pura e da inesgotável produção mediúnica de Francisco Cândido Xavier, bem assim do equilíbrio, da sabedoria e da bondade de Emmanuel, significa louvor — aí, então, será este livro, em verdade, o carinho e a gratidão em forma de louvor, no depoimento honesto e desinteressado.

O objetivo de *O pensamento de Emmanuel* é o de levar, aos que nos honrarem com a sua leitura, temas de *O Livro dos Espíritos*, interpretando-os segundo a pobreza de nosso entendimento e amparados pelos amigos espirituais, nele incluindo assuntos estudados por Emmanuel no 103º livro mediúnico de Chico Xavier — *Vida e sexo*.

Os itens de *O Livro dos Espíritos* foram por nós colocados em ordem crescente. E alguns dos capítulos — o leitor observará — são enriquecidos com lições de André Luiz, nosso querido amigo da vida espiritual.

Os temas, por assim dizer kardequianos, foram postos face a face com o pensamento de Emmanuel, a fim de que os leitores verifiquem sua comovente harmonia com as instruções das Entidades que ditaram a Codificação Espírita e com os judiciosos comentários de Allan Kardec.

Introdução

Conhecemos a nossa pequenez espiritual, as limitações que nos assinalam o espírito desejoso por sintonizar-se com os ideais espírita cristãos, pelo que não nos sensibiliza a ingênua pretensão de comparecer, ante a generosidade e a confiança dos nossos amigos, em posição que sabemos não ocupar.

Acreditamos, sim, no axioma muito difundido de que "aquele que dá o que pode merece o salário da paz".

Cremos na assertiva de que não há ninguém tão desprovido de conhecimentos que não possa, querendo, oferecer algo de si em favor de outrem.

Emmanuel, invariavelmente acorde, em sua produção mediúnica, com Jesus e Kardec, tem sido fonte de esclarecimento e consolo para milhares de corações no Brasil e além-fronteiras.

O seu médium, refletindo-lhe a bondade, por si ou sob sua influência, ou sob a de André Luiz, Bezerra de Menezes, Irmão X e outros, tem levado o bem a milhares de criaturas.

São almas endurecidas que despertam para o amor.

Chagas morais que cicatrizam.

Aflições lenificadas.

Lágrimas que estancam.

Sentimentos e emoções que se reajustam, devolvendo a alegria e a paz a mentes em ebulição.

O título do livro e as nossas palavras introdutórias dizem do seu objetivo.

O conteúdo, bem singelo, reconhecemos, impregna-se, todavia, de muito amor.

Rogamos a Jesus, a quem procuramos servir da melhor maneira, abençoe este livro e faça-o chegar aos companheiros de ideal espírita cristão e aos amigos de todas as crenças religiosas e filosóficas, e, também, aos que nenhuma crença possuem, por humilde contribuição à obra de esperança e da fé, do reconforto e do encorajamento.

Possam Allan Kardec e Emmanuel, sob o amparo do Divino Amigo, prosseguir no abençoado labor de orientar o pensamento humano na direção da Glória Ilimitada, em função do Amor; na da Luz que não se extingue, que é a própria felicidade com Jesus — Senhor e Mestre de todos os milênios de milênios.

Assim seja.
MARTINS PERALVA
Belo Horizonte (MG), 3 de janeiro de 1971.

1
Mundos habitados

P. — São habitados todos os globos que se movem no Espaço?

R. — Sim e o homem terreno está longe de ser, como supõe, o primeiro em inteligência, em bondade e perfeição.

(Item 55.)

Temos, assim, no Espaço Incomensurável, mundos-berços e mundos-experiências, mundos-universidades e mundos-templos, mundos-oficinas e mundos-reformatórios, mundos-hospitais e mundos-prisões.

EMMANUEL

O ensino dos Espíritos, ao ditarem a codificação do Espiritismo, confirma plenamente a referência de nosso Senhor Jesus Cristo, de que "na casa de meu Pai há muitas moradas". (*João*, 14:2.)

Podemos conceituar de três maneiras, para efeito de estudo, a palavra "moradas", mencionada no Evangelho:

a) Os mundos que formam o Universo, em que outras humanidades realizam a marcha evolutiva.
b) As diversas zonas espirituais, superiores ou inferiores, além das fronteiras físicas, em que a vida palpita com a mesma intensidade das metrópoles humanas.
c) Os vários departamentos da mente, em que se demoram pensamentos e reações, dramas e tragédias, anseios e realidades do Espírito.

A ciência moderna, evoluindo e reformulando conceitos clássicos, já admite, além do nosso, a existência de outros mundos, nos quais há possibilidades de vida, confirmando, assim, a assertiva das entidades superiores na obra que é a pedra angular da filosofia espírita: *O Livro dos Espíritos*.

Ninguém poderá imaginar quantos mundos realmente existem, habitados; mas nenhum espírita põe dúvida em que inúmeras humanidades vivem nesses mundos, felizes, uns, infelizes, outros.

Para que os adeptos do Espiritismo creiam na existência de outros orbes, nos incontáveis departamentos da vida universal, há razões de:

a) Ordem científica,
b) ordem filosófica e
c) ordem religiosa ou evangélica.

No que se refere aos argumentos científicos, perguntaríamos: Por que haveria de ser a Terra o centro do Universo, quando nem o é do sistema planetário solar pelo pouco ou quase nada que representa diante de milhões de fabulosos astros que navegam, equilibrados pela mecânica celeste, no Espaço incomensurável?

Vejamos:[1]

O Sol — centro do nosso sistema — é 1.300.000 vezes maior que a Terra, mas é alguns milhões de vezes menor que Antares.

O brilho de *Canopus* é 80.000 vezes superior ao brilho do Sol.

Urano é 70 vezes maior que a Terra, pequenina laranja dentro de nosso sistema.

Capela é 5.800 vezes maior que o Sol.

Júpiter, que maravilha — 12 satélites conhecidos!...

A Via Láctea é um turbilhão fabuloso de sóis, de todas as dimensões e claridades, que a moderna Astronomia não consegue contar, mas que avalia em mais de 200.000.000...

Assim, pelo exposto, os argumentos científicos sustentam-se nos seguintes fatores essenciais:

a) posição,
b) volume e
c) constituição em relação a outros mundos.

Por que, com semelhante insignificância dimensional, seria o nosso pequenino e desajeitado orbe a razão de ser

---

[1] Os dados citados nesta obra, relacionados à Astronomia e outras ciências, são os conhecidos à época de sua 1ª edição (1975). – **Nota da Editora**.

da própria vida da Humanidade e o núcleo polarizador de milhões de galáxias?!...

Sob o ponto de vista filosófico, transitam as almas por vários mundos, purificando-se, cada vez mais, e adquirindo a sabedoria que as tornará realmente perfeitas.

O espírito reencarnado, hoje, na Terra, poderá, amanhã, estar em Marte ou Vênus, em Saturno ou Júpiter, para citar, apenas, quatro dos nove componentes do nosso sistema planetário.

O aprendizado, a colheita de experiências, o acúmulo dos valores eternos não se verificam tão somente na Terra, mas em diversas "moradas do Pai", conforme o ensino de Jesus quanto à pluralidade dos mundos habitados, ao qual plenamente se ajustaria a Codificação espírita, em 1857, com base nos seguintes argumentos, nada lisonjeiros para o globo terrestre:

a) atraso moral dos terrícolas,
b) atraso científico e
c) atraso cultural em relação aos mundos habitados, em que os grandes homens da Terra se apresentariam na condição de alunos incipientes.

"Enquanto o homem se encaminha para a Lua, estudando-a de perto, comove-nos pensar que a Doutrina Espírita se referia à pluralidade dos mundos habitados precisamente há mais de um século", observa Emmanuel (*Religião dos Espíritos*, "Pluralidade dos mundos habitados").

O argumento religioso, ou evangélico, ninguém desconhece e dispensa maiores comentários, eis que se apoia na palavra do Cristo: "Na casa de meu Pai há muitas moradas". (*João*, 10:16.)

E, ainda: "Tenho outras ovelhas que não são deste redil".

Os departamentos da mente são, a nosso ver, outras tantas "moradas individuais", como repositório das reações mais ou menos felizes das inteligências encarnadas ou desencarnadas.

A "morada mental" do homem equilibrado apresenta aquela ordem, aquele asseio, aquela disciplina, aquele respeito encontrados nas residências bem cuidadas, no plano físico:

Serenidade interior.

Harmonia espiritual.

Consciência isenta de remorso.

Mente voltada para o Alto.

Trabalho incessante no bem.

Ideações edificantes.

Resignação na dor.

Moderação na alegria.

Bom ânimo e submissão à Vontade Divina.

Tudo isso constitui a auspiciosa, a feliz arrumação da "morada mental" do homem espiritualizado.

Inquietude,

desordem íntima,

consciência e coração culpados,

pensamento centralizado na futilidade e na maledicência,

excessos emocionais,

inatividade psíquica e revolta no sofrimento, além de outras tantas infelicidades, representam a desarrumação dos departamentos mentais do homem espiritualmente adormecido.

No que toca às diversas regiões espirituais, sabemos que comunidades redimidas habitam zonas mais elevadas da Espiritualidade, às quais obreiros dedicados são periodicamente conduzidos em processo estimulante do esforço pessoal.

Em faixas vibratórias mais ligadas à Terra, estacionam, temporariamente, almas ainda vinculadas às sensações e problemas da vida física, uma vez que o peso específico de suas organizações perispirituais, apresentando certa densidade, lhes não permitem as grandes ascensões.

Emmanuel, no entanto, concitando-nos ao esforço renovador, em busca da felicidade que se não extingue, nem aqui, nem no mais Além, assegura-nos que, "trabalhando e servindo, aprendendo e amando, a nossa vida íntima se ilumina e se aperfeiçoa, entrando gradativamente em contato com os grandes gênios da imortalidade gloriosa". (*Roteiro*, cap. 26).

2
Alma e pensamento

P. — O pensamento não é a própria alma que se transporta?

R. — Quando o pensamento está em alguma parte, a alma também aí está, pois que é a alma quem pensa. O pensamento é um atributo.

(Item 89a.)

Nossas emoções, pensamentos e atos são elementos dinâmicos de indução.

Emmanuel

A força do pensamento, e sua consequente influenciação no próprio destino humano, constitui realidade que ninguém pode nem deve ignorar.

Se a alma está no lugar em que projeta o pensamento, por maior seja a distância percorrida, ou a percorrer, evidentemente devemos sempre "pensar bem".

Pensar no bem, pelo bem e para o bem — nosso e de todos.

Pensar sempre no bem, a fim de que a nossa influenciação sobre os demais seja benéfica, salutar, construtiva.

O Espírito, elemento inteligente do Universo, *pensa*.

A mente, "campo da consciência desperta", segundo Emmanuel, *reflete*.

O corpo, "máquina divina", na feliz definição de André Luiz, *executa*, com o auxílio dos órgãos que lhe são peculiares.

"Cada Espírito" — ensina Allan Kardec — "é uma unidade indivisível, mas cada um pode lançar seus pensamentos para diversos lados, sem que se fracione para tal efeito" (*O Livro dos Espíritos*, questão 92a).

Quando o pensamento, traduzindo, assim, atividade anímica, reveste expressões de alegria e bom ânimo, de entusiasmo e equilíbrio, semelhantes expressões se projetam no Tempo e no Espaço e tomam o rumo da criatura em quem pensamos, alcançando-a, inevitavelmente.

Em sua tríplice composição, pode o homem ser comparado a um "farol" (vide ilustração à pág. 30), significando:

a) a energia luminosa que se expande, ou seja: Espírito que *pensa*, por sua condição de elemento inteligente do Universo (*O Livro dos Espíritos*, questão 23).
É o ser responsável que prestará contas à Lei, agora ou mais tarde, aqui ou em qualquer parte;

b) a mente que coordena, integra, concentra e dirige a energia do pensamento. Espelho que reflete a energia espiritual ("Campo da consciência desperta" — Emmanuel), a refletir a dinâmica do ser inteligente;
c) o físico, a estrutura material de que é construído o "farol" e que serve de veículo de manifestação do Espírito no plano material. É a parte destrutível, que se refaz, se recompõe tantas vezes quantas necessárias, até que o ser pensante dela não mais precise na obra que lhe cabe cumprir: o aperfeiçoamento moral e cultural ("Máquina divina", cap. 49 de *Os Mensageiros*, André Luiz).

O Espírito, encarnado ou desencarnado, edificado no bem, sintonizado com as lições cristãs, projeta sua luz, sua claridade por toda parte. A todos beneficia e serve, à maneira do farol que indica o rumo certo, em pleno oceano e por maior que seja o negrume da noite, às embarcações que demandam portos longínquos.

A criatura atingida pelo nosso pensamento recebe o fruto mental por nós elaborado.

Assim sendo, ficamos sabendo que:

— pensamentos de otimismo geram bem-estar,

— pensamentos de esperança conduzem bom ânimo,

— pensamentos de fé são instrumentos vitais de fortalecimento e coragem, de estímulo e segurança,

— pensamentos de fraternidade se refletem, junto aos que amamos, em forma de inexplicável felicidade, de indefinível júbilo interior.

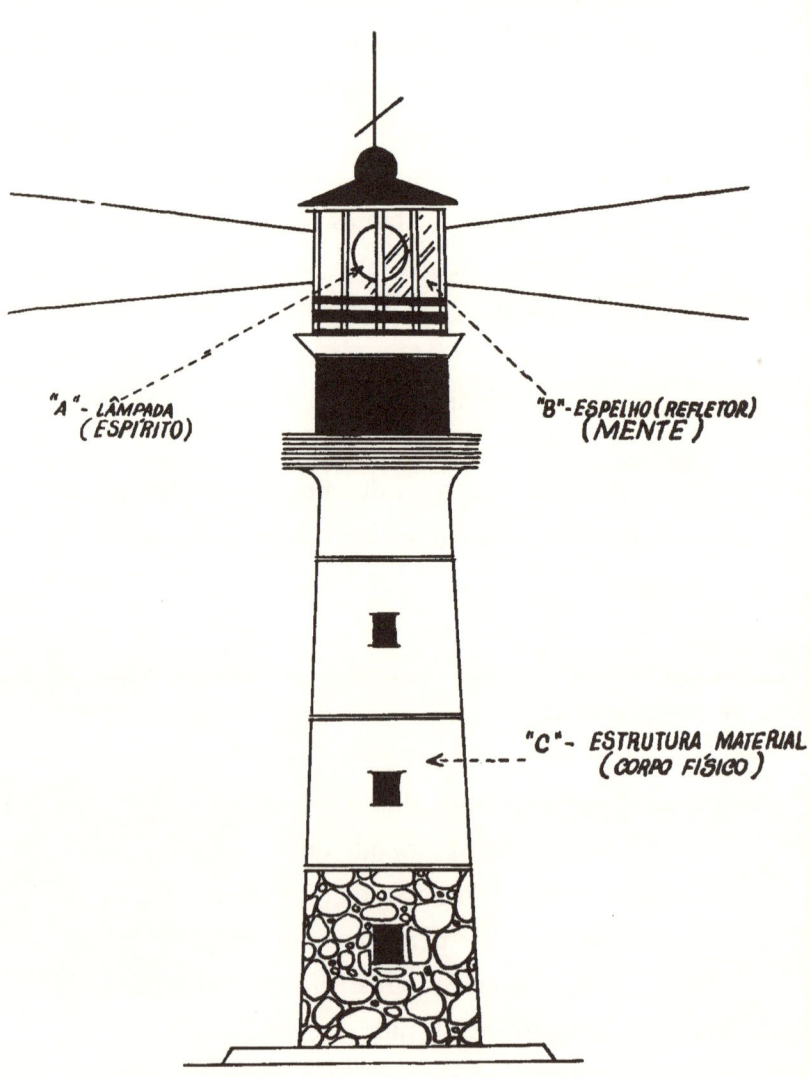

Alma e pensamento

Costuma-se dizer que "o pensamento elimina distâncias", mas, quase sempre, quem o diz não compreende a intrínseca e científica realidade do enunciado.

Dá a entender, apenas, que há uma vaga recordação do ser que se encontra afastado de nós.

Todavia, com o preceito espírita de que, "se o pensamento está em alguma parte, a alma também aí está", o problema se esclarece, em definitivo.

O pensamento põe psiquicamente juntas duas criaturas, ou dois grupos de criaturas, unindo-as, intimamente, em simbiose que pode ser de natureza superior ou deprimente.

Emmanuel, cujos ensinamentos se afeiçoam, singularmente, à índole da Doutrina Espírita, tornando-se esse elevado instrutor, por isso mesmo, depositário não só do nosso carinho, mas, igualmente, do nosso integral respeito — Emmanuel, ao dizer, em judiciosa mensagem, que os pensamentos "são elementos dinâmicos de indução", amplia-nos a responsabilidade, no que toca ao simples "ato de pensar".

Responsabilidade que nos impõe uma conduta evangélica na emissão de pensamentos.

Responsabilidade que nos impõe não só o controle e a disciplina da atividade mental, mas também a criteriosa seleção dos pensamentos.

O nosso pensamento, expressando idealismo nobre ou desejo de rotina, pode levar tranquilidade ou inquietação aos que partilham, conosco, a experiência evolutiva.

O bom pensamento — pensamento de amor e solidariedade, de elevação e pureza — influencia não só do ponto de vista psíquico, como do físico.

O mau pensamento — pensamento de ódio e rancor, de inveja e despeito — produz as mais desagradáveis impressões, em consequência de cargas magnéticas que o destinatário recolhe, sente, mas, via de regra, desconhece a procedência.

A mente que vibra maldosamente desfere petardos maléficos, forças deletérias, fenômeno que a grande maioria da Humanidade ignora.

Desta maneira, para que nos seja possível exercer influência, benéfica ou maléfica, sobre os nossos semelhantes, não há necessidade, precípua, de estarmos fisicamente aproximados, tampouco, de assestarmos contra eles instrumentos materiais de destruição e morte.

Recolhamos, pois, das claras fontes do Evangelho do Senhor, a cristalina água da fraternidade, pura e desinteressada, para que nos seja possível:

— saciar os famintos,
— dessedentar os sequiosos,
— reconfortar os tristes,
— erguer os que tombaram nos desfiladeiros do sofrimento, enviando a todos os caravaneiros da redenção com Jesus, mesmo a distância, nas luminosas asas do pensamento reto, os suprimentos da alegria.

Os fertilizantes do bem.

O adubo do amor cristão.

A suave melodia do otimismo e da esperança.

A nossa presença, mesmo através do pensamento, junto aos que palmilham, conosco, os roteiros aprimoratórios, deve ser uma presença sadia e alegre, edificante e fraterna.

Isso depende, essencialmente, de cada um de nós.

O meio é a seleção, criteriosa, dos nossos pensamentos.

O coadjuvante, valioso e indispensável, é a nossa boa vontade.

A boa vontade que persevera até o fim.

3
Perispírito

P. — O Espírito, propriamente dito, nenhuma cobertura tem, ou, como pretendem alguns, está sempre envolto numa substância qualquer?

R. — Envolve-o uma substância, vaporosa para os teus olhos, mas ainda bastante grosseira para nós; assaz vaporosa, entretanto, para poder elevar-se na atmosfera e transportar-se aonde queira.

(Item 93.)

O perispírito é, ainda, corpo organizado que, representando o molde fundamental da existência para o homem, subsiste, além do sepulcro, demorando-se na região que lhe é própria, de conformidade com o seu peso específico.

Emmanuel

Os conceitos acima definem, muito bem, o perispírito, envoltório com que os Espíritos se apresentam e com o qual, no mundo espiritual, assinalam sua vivência.

Em seu estudo, temos a considerar, basicamente:

a) funções;
b) forma;
c) organização;
d) densidade;
e) coloração.

Com tais elementos fundamentais, pode-se ter uma ideia, aproximada, do que seja perispírito, uma vez que "tão arrojada é a tentativa de transmitir informes sobre a questão aos companheiros encarnados, quão difícil se faria esclarecer à lagarta com respeito ao que será ela depois de vencer a inércia da crisálida", explica Emmanuel na obra *Roteiro*, cap. 6.

Funções: Reveste o Espírito, quando desencarnado, e serve de intermediário entre o Espírito e o corpo durante a encarnação.

Do corpo para o Espírito, transmite sensações; do Espírito para o corpo, conduz impressões.

Forma: Quando os Espíritos possuem determinada elevação, podem modificá-la, à sua vontade. Caso contrário, sob a influência das leis que regem o mundo mental, ou sob a ação de entidades cruéis, como acontece nos processos de zoantropia (aparência de monstros animalescos) e licantropia (aspecto de lobo), pode haver alterações na forma perispiritual, independente da vontade do Espírito.

Organização: Organiza-se o perispírito com o fluido peculiar ao mundo onde vive — "Passando de um mundo a outro, o Espírito muda de envoltório, como mudais de roupa" (Questão 94a de *O Livro dos Espíritos*).

Densidade: Quintessenciada ou rarefeita, nas almas grandemente evoluídas, pastosa ou opaca, nas almas muito imperfeitas.

Coloração: Luminosa e brilhante, nos Espíritos superiores; sem qualquer brilho, nas almas inferiorizadas.

A existência do perispírito, que é termo espírita designativo desse singular corpo que reveste o Espírito desencarnado, é conhecida desde a mais remota Antiguidade, tendo recebido, através do tempo, várias denominações.

Entre os homens primitivos, no alvorecer da Humanidade, dão-lhe o estranho nome de *corpo-sombra*.

Entre os egípcios, *ká*.

Os teosofistas denominam-no *corpo astral*.

Paulo de Tarso designa-o *corpo celeste*.

Filósofos do século XIX chamavam-lhe *mediador plástico*.

Allan Kardec, codificando o Espiritismo, deu-lhe o nome de *perispírito*.

Nas palavras de Jesus — "Os teus olhos são a candeia do teu corpo" — identificamos clara referência ao perispírito, pois sabemos que olhos maus densificam-no, enquanto olhos bons e puros dão-lhe claridade.

Emmanuel, o elevado Instrutor espiritual, define-o por "campo eletromagnético, em circuito fechado, constituído de gases rarefeitos", classificando o seu desenvolvimento, no tempo e nas espécies, da seguinte maneira:

I) Sub-humana (forma) — Animais
II) Protoforma humana — Macacoides (Forma de macaco)
III) Psicossoma primitivo — Selvagens
IV) Psicossoma inferior — Homens animalizados
V) Psicossoma normal — Homens normais
VI) Psicossoma superior — Almas metanormais
VII) Almas sublimadas — Angelitude

No tocante à densidade e coloração, o psicossoma normal da 5ª classificação apresenta três categorias, a saber:

a) esforço
b) sacrifício
c) grandes causas

Expliquemos:
Esforço: Almas que se esforçam no sentido do autoaperfeiçoamento, lutando por superar as próprias imperfeições.
Sacrifício: Almas capazes de se sacrificarem pelo bem do próximo.
Grandes causas: Almas que reencarnam para missões que interessam ao seu progresso e de parcelas ponderáveis da Humanidade.

Essa variação, no sentido da densidade e tonalidade, não significa ter a alma ingressado na classificação VI:

psicossoma superior, próprio das almas metanormais, isto é, além do normal.

As alterações perispirituais processam-se gradualmente, acompanhando a evolução espiritual, que é, como todos sabem, muito lenta.

Sob a influência e comando mentais, é o perispírito extremamente sensível, daí as variações quanto à sua densidade e coloração.

Em termos esquemáticos, busquemos transmitir rudimentar ideia da densidade do mediador plástico em suas naturais transformações:

Mutações perispiríticas:

a) No estado de primitivismo, pode o perispírito ser tosca e figuradamente comparado ao gelo (sólido, espesso).
b) O perispírito do homem pouco evoluído pode ser exemplificado em forma líquida, aquosa (flexível, maleável).
c) O perispírito do homem realmente evoluído, especialmente no estado de desencarnado, sem a menor constrição corporal, seria como o vapor (rarefeito, expansível).

Embora reconheçamos precária a imagem, cremos, no entanto, deixar no estudante certa compreensão, partindo, como estamos, da comparação básica: água e perispírito.

Uma e outro constituem a base para a transmissão do que desejamos dizer acerca de um assunto decerto ainda inacessível à mente humana, conforme se depreende da referência de Emmanuel, no início deste capítulo.

Entendamos, pois, que o estado de organização varia da concreção à volatilidade, do enclausuramento à expansibilidade.

Alcançado o estado de sublimação espiritual, desaparece a necessidade de acondicionar-se o Espírito no envoltório perispiritual, podendo, no entanto, reorganizá-lo tantas vezes quantas desejar, para efeito de apresentação a médiuns videntes, no plano terrestre, ou nas assembleias da Espiritualidade das quais participem entidades de menor gabarito.

As virtudes evangélicas, sintetizadas nas grandes conquistas do conhecimento, do amor e da pureza, dão ao Espírito beleza, encantamento, luminosidade.

As imperfeições do caráter, sintetizando as degradações morais do Espírito, no corpo material ou fora dele, dão-lhe ao perispírito feiura, opacidade, pastosidade.

Na Parábola das Bodas, faz Jesus alusão, incontestável, ao perispírito: "Entrando, porém, o rei para ver os que estavam à mesa, notou ali um homem que não trazia a veste nupcial, e perguntou-lhe: 'Amigo, como entraste aqui sem veste nupcial?' E ele emudeceu". (*Mateus*, 22:12).

4
Ante a morte

P. — Que sucede à alma no instante da morte?
R. — Volta a ser Espírito, isto é, volve ao mundo dos Espíritos, donde se apartara momentaneamente. (Item 149.)

Tranquiliza, desse modo, os companheiros que demandam o Além, suportando corajosamente a despedida temporária, e honra-lhes a memória, abraçando com nobreza os deveres que te legaram.

EMMANUEL

Além de seu papel eminentemente esclarecedor, caracterizando a base de sua filosofia, tem o Espiritismo outra função, não menos importante, junto à criatura humana, sujeita, por efeito da própria condição de nosso orbe, às mais dolorosas vicissitudes, no campo moral e físico: a de confortá-la, de consolá-la nos instantes cruciais da existência.

Apesar da "velhice do mundo" e da não menor "velhice das religiões", sob o ponto de vista da cronologia, muito pouca gente acostumou-se com a separação dos entes queridos, em consequência da morte, ou desencarnação.

A dor de quem fica é, bem o sabemos, motivada pela falsa e errônea ideia de que a morte seja o fim, separando, para todo o sempre, irreparavelmente, os que partem dos que ficam na ribalta do mundo.

É bem verdade que as religiões orientais apontaram sempre a morte por simples fenômeno de separação da alma do corpo, com a continuidade, por aquela, em lugares de gozo ou sofrimento, de sua vida.

Nem por isso, porém, tais mensagens de imortalidade ressoaram, positiva e beneficamente, na inteligência humana. Apesar de todos os preceitos imortalistas das religiões que precederam a Doutrina dos Espíritos, a perda dos entes amados ainda repercute como tragédia, de angústia e sofrimento, para familiares e amigos mais chegados.

A partir da Codificação espírita, nos idos de 1857, quando Allan Kardec editou *O Livro dos Espíritos*, o assunto passou, na verdade, a ser encarado sob outro aspecto, atenuando, sensivelmente, a dor da separação e, por outro lado, acentuando a esperança de que, não sendo a morte o fim de tudo, a partida é apenas temporária ausência, com a certeza de que, mais cedo ou mais tarde, o reencontro se dará, em qualquer parte do Universo — no Espaço, noutros mundos, na própria Terra.

Não se vá dizer que esta compreensão espírita nos tornará insensíveis à dor ante a partida de um ente querido, familiar ou não. Não se predique seja o espírita uma pessoa proibida de sentir e chorar, realmente, a partida de um parente ou amigo, eis que uma e outra coisa representariam inexata ideia de que o Espiritismo seja uma doutrina capaz de insensibilizar o coração humano, de extinguir as emoções normais da criatura, esterilizando-lhe o sentimento.

O conhecimento e a assimilação doutrinário-evangélicos têm a faculdade de fortalecer-nos o Espírito e o coração, tornando-nos capazes de, pela fé, pela certeza da imortalidade, chorarmos, sem dúvida, o desenlace do ser amado, sem, contudo, confiar-nos ao pranto enfermiço, doentio, por improdutivo, e que nunca se acaba.

A morte outra coisa não é senão uma viagem, quase sempre mais longa, que o Espírito realiza. E o reencontro com o "morto" muita vez se dá com muito maior brevidade do que nas viagens comuns, aqui na Terra, de pessoas encarnadas.

Não raro, especialmente num país como o Brasil, de imensa extensão territorial, um parente ou amigo despede-se de nós e, durante vinte, trinta ou quarenta anos não se dá o reencontro, e, às vezes, nunca mais ele é visto por nós?!...

No fenômeno que o mundo impropriamente denomina "morte", muita vez a criatura que desencarnou volta ao convívio dos seus, na condição de filho, sobrinho ou o que for, dois ou três anos depois.

Esta compreensão de que a morte não é o fim, mas um episódio inevitável, de transição, não impede o espírita de verter lágrimas ante o corpo inerte do ser amado. Emmanuel, na mensagem "Ante os que partiram", na obra *Religião dos Espíritos*, pondera: "Nenhum sofrimento, na Terra, será talvez comparável ao daquele coração que se debruça sobre outro coração regelado e querido que o ataúde transporta para o grande silêncio".

A compreensão espírita apenas não o deixa eternizar o sofrimento, pois sabe que a separação é temporária, e que, além disso, a vida física não é a principal para as almas, malgrado sua importância, mas simples etapa destinada a favorecer-lhes o resgate de erros, o aprendizado indispensável à conquista da perfeição.

A nosso ver, em nome da Doutrina Espírita ninguém deve reter as lágrimas sinceras, abundantes ou discretas, segundo as condições emocionais de cada um de nós, que, no instante da separação, brotam dos olhos de quem fica; nossa ideia, a este respeito, é de que não devemos converter o pranto das primeiras horas ou dias em inconformada expressão de revolta, de insubmissão às Leis Divinas, que são sempre, o espírita esclarecido bem o sabe, de amor e misericórdia, de sabedoria e magnanimidade.

Há, ainda, sob o ponto de vista doutrinário, outros aspectos que situam o Espiritismo por mensagem altamente consoladora, ante o multimilenário problema da "morte": pelas abençoadas vias da mediunidade, os que ficam podem-se comunicar com os que se foram, como se no corpo físico ainda estivessem, sentindo-lhes as emoções, identificando-lhes as ideias, reconhecendo-lhes os hábitos e pontos de vista.

A mediunidade — maravilhosa ponte que liga o mundo físico ao espiritual, a Terra ao Espaço — descerra as portas do Infinito, possibilitando o amoroso reencontro das almas desencarnadas com as encarnadas.

Além da mediunidade, que proporciona ainda, algumas vezes, a materialização ou corporificação dos que se foram, temos os sonhos espíritas, quando podemos estreitar nos braços e envolver nas vibrações puras do amor e do carinho os seres amados.

Maravilhosa doutrina que "luariza de esperança a noite de nossas vidas" — di-lo, com rara e bela definição, o Espírito de escol que transitou pelo mundo, no solo glorioso da França, com o nome respeitável de Léon Denis!

Como se observa, têm os espíritas elementos muito sérios, racionais e profundos, de ordem filosófica, para considerarem e conceituarem a nossa Doutrina como a mais consoladora, a que maior soma de conforto pode dispensar ao homem nos instantes de dor, de maneira que, em vez do pranto imoderado, possamos honrar a memória dos que partiram "abraçando com nobreza os deveres" que nos legaram, acentuando, assim, o outro aspecto, o educativo, que a caracteriza, que a situa por fator de extrema valia na obra de redenção da Humanidade.

Que ninguém se entregue ao pranto inestancável, inconformado, ante o corpo estirado no esquife; que ninguém se envergonhe de ensopar os olhos com as lágrimas de saudade justa, compreensível, ante o coração amado que demanda outras regiões; mas que o trabalho do bem seja a melhor forma de lhe cultuarmos a lembrança.

Esta é a mensagem que, em nosso pobre entendimento, o Espiritismo dirige a todos que se defrontam, em casa ou nos círculos pessoais de amizade, com o velho e sempre novo problema da "morte".

5
Vida espírita

P. — Em que sentido se deve entender a vida eterna?
R. — A vida do Espírito é que é eterna; a do corpo é transitória e passageira. Quando o corpo morre, a alma retoma a vida eterna.

(Item 153.)

Dessa forma, se os atos louváveis são recursos de abençoada renovação e profunda alegria nos recessos da alma, as ações infelizes se erguem, além do túmulo, por fantasmas de remorso e aflição no mundo da consciência.

Emmanuel

O sono é uma espécie de morte parcial, temporária. Assim o diz a Doutrina dos Espíritos, assim o confirmam elevados instrutores espirituais.

Durante o sono acontece o desprendimento do Espírito que, assim, readquirindo, de modo relativo, a liberdade assegurada pela desencarnação, pode entrar em contato com Espíritos desencarnados ou com pessoas que estejam também adormecidas.

A posição da alma, durante essas horas de provisória libertação, não é uniforme, padronizada, para todos, pois que há variações que decorrem do estado evolutivo, das condições mentais do indivíduo.

Quanto mais equilibrada a mente humana, dado o processo de assimilação e prática dos preceitos evangélico-doutrinários, mais livre estará a alma nesses momentos em que o corpo repousa do natural desgaste celular imposto pelo trabalho diuturno.

Há criaturas que, durante o sono, reingressam no mundo espiritual em situação de tal desajuste que seus Espíritos se confundem com os de entidades sofredoras ou endurecidas que, frequentemente, se comunicam nas equipes mediúnicas de desobsessão.

As condições, portanto, de maior ou menor felicidade, de maior ou menor equilíbrio no mundo espiritual, durante o sono, resulta de sua melhor ou pior situação mento-psíquica.

No que diz respeito à morte ou desencarnação, o fenômeno, em suas linhas gerais, é o mesmo: processos desencarnatórios e de liberação diferem de pessoa a pessoa, segundo, ainda, o mesmo princípio vigente para o "estado de sono".

Sendo a Terra um mundo de provas e expiações, no qual a grande maioria dos seus residentes é formada de almas ainda bem atrasadas, apesar do avanço tecnológico e das conquistas intelectuais da Humanidade, justo será admitir-se por normal o desajuste e comum a perturbação dos que desencarnam, dado que "as ações infelizes se erguem, além do túmulo, por fantasmas de remorso e aflição no mundo da consciência". ("Memória além-túmulo", *Religião dos Espíritos*).

Ressalvam-se, obviamente, os casos de pessoas de ponderável gabarito evolutivo, uma vez que, ainda com Emmanuel, "os atos louváveis são recursos de abençoada renovação e profunda alegria nos recessos da alma" (*idem*).

A grande missão da Doutrina Espírita, altamente educativa e esclarecedora, é a de preparar-nos para essa vivência feliz no plano espiritual, para o qual inevitavelmente iremos, pelo sono ou pela morte, criando, assim, os gloriosos pródromos de nossa futura vinda ao mundo, não somente para desfrutar-lhe os benefícios, mas para viver-lhe os ideais engrandecidos, colaborando em sua consolidação.

Se os preceitos evangélicos, que funcionam no mundo sob os luminosos estímulos da Doutrina Espírita, não se fixarem em nosso coração, de forma definitiva, renovando--nos interiormente a alma e criando, em nós, o amor ao trabalho nobre, possível será que reencarnemos nas mesmas condições em que daqui partirmos, embalando, muita vez, tolas esperanças.

Geralmente, as imperfeições demasiado arraigadas em nossa individualidade eterna não se diluem no estado doutrinariamente denominado "Espírito errante" — permanência do Espírito no Espaço durante o tempo que vai do instante do desenlace ao do início de uma nova ligação a outro corpo que a reencarnação lhe proporciona, por bênção de Deus — daí, nossa opinião de que podemos voltar nas mesmas condições em que fôramos, apenas envergando outro traje.

Inúmeras comunicações mediúnicas, embora olhos corporais não o percebam, são dadas por desencarnados que se encontram amparados, sustentados, magneticamente, por abnegados mentores espirituais, embora tenham já abandonado o corpo há muito tempo. Quantos casos, desta natureza, ocorrem?!...

A Doutrina Espírita não tem, todos o sabemos, como básico, o objetivo de melhorar-nos externamente.

O trabalho do Espiritismo é junto à alma eterna, junto ao coração, a fim de que, por seu influxo divino, removamos as impurezas que nos acompanham e possamos, assim, acender, no Templo da Consciência e no Santuário do Coração, as candeias da iluminação — divinos focos de redenção que a ventania, por mais forte, não apaga; a incompreensão, por mais sórdida, não perturba; o julgamento, por mais contraditório, não reduz sua intensidade.

Acentuando, desta maneira, os conceitos deste capítulo, devemos proclamar, em nome da Doutrina Espírita e sob o consenso dos elevados amigos de Mais Alto, que:

a) Durante o sono, a alma desprende-se do corpo transitório, entrando em temporária relação com inteligências encarnadas ou desencarnadas, amigas ou adversárias.

b) A morte do corpo não destrói, não aniquila o Espírito: libera-o por um período variável, segundo as necessidades evolutivas, até que possa desfrutar, de novo, das bênçãos da reencarnação.

c) Os processos desencarnatórios e os recursos de liberação diferem de pessoa a pessoa, segundo o estado espiritual de cada um.

d) É normal, é compreensível o desajuste e comum, em face do reconhecido atraso de nosso orbe, a perturbação dos que desencarnam, ressalvados, naturalmente, os casos de pessoas detentoras de seguras aquisições evolutivas.

A alma, enquanto encarnada, condiciona-se a fatores orgânicos que, por sua vez, estão sob o império de leis biológicas específicas. Fora do corpo, outras são as leis e, por conseguinte, outros os elementos de equilíbrio e funcionamento.

Daí as naturais dificuldades com que, em novo mundo vibratório, bem diverso do nosso, aqui no plano físico, lutamos todos nós ao trocarmos a densidade da matéria (envoltório físico) pela fluidicidade dos planos espirituais.

6
Espiritismo e pobreza

> P. — Como pode a alma, que não alcançou a perfeição durante a vida corpórea, acabar de depurar-se?
> R. — Sofrendo a prova de uma nova existência.
> (Item 166.)
>
> Tendo nascido na palha, para doar-nos a glória da vida simples, expirou numa cruz pelo bem de todos, a fim de mostrar-nos o trilho da eterna ressurreição.
> Emmanuel

Os hindus denominam-na "roda dos nascimentos".

Os espíritas dão-lhe o nome de "reencarnação".

Emmanuel, em linguagem expressiva e bela, aponta-a por "bênção do recomeço".

Com este ou aquele nome, a volta ao corpo constitui, evidentemente, oportunidade para que o Espírito eterno corrija o passado, pelo bom proceder no presente, edificando, assim, para o futuro, a felicidade e a iluminação.

As provas terrenas são necessárias para que a alma, depurando-se no cadinho terrestre, alcance seu glorioso destino: resgatar débitos e construir a vida melhor, no Reino da Luz imortal.

Não sendo limitado o número das existências corporais, o Espírito virá ao plano físico quantas vezes se fizerem necessárias, dando, de cada vez, "um passo para diante na senda do progresso".

Uma das provas mais difíceis é a da pobreza, quanto o é a da riqueza.

Na primeira, pode sofrer o Espírito a tentação da revolta.

Na segunda, a do abuso dos bens da vida, deturpando-lhe os augustos objetivos.

Podemos dizer que três seriam as causas gerais que levam o homem ao estado de pobreza, aqui na Terra:

a) prova espontaneamente solicitada;
b) resgates expiatórios;
c) efeitos do próprio livre-arbítrio, após a reencarnação.

Espíritos realmente evoluídos, ou simplesmente esclarecidos sobre a Lei de Causa e Efeito, podem solicitar a prova da pobreza, como oportunidade para o acrisolamento de qualidades ou a realização de tarefas.

Algumas vezes, o mau uso da riqueza, em precedente existência, leva o Espírito a pedir condição oposta, com o que espera ressarcir abusos cometidos e pôr-se a salvo de novas tentações para as quais não se sinta convenientemente forte.

As provas solicitadas resultam de méritos do Espírito, que pode, inclusive, escolher ambiente social e grupo familiar para neles realizar a experiência de que se julga necessitado.

Quando não há, de sua parte, qualquer mérito, a lei dos resgates compulsórios funciona, levando-o à expiação de faltas que ficaram no Livro da Vida, as quais lhe acompanham o quadro de necessidades.

O livre-arbítrio do homem pode levá-lo à pobreza, sem que se avoquem precedentes espirituais, causas ligadas ao pretérito.

Falta de estímulo para as lutas humanas pode conduzi-lo à miséria.

Preguiça ou irresponsabilidade são fatores que, fatalmente, o conduzirão à dificuldade material.

Desapreço aos bens da Natureza, que florescem exuberantes, por toda parte, pode ser o responsável pelos insucessos humanos.

Estudadas, assim, as causas gerais da pobreza, que a podem converter em miséria, pelo mau uso do livre-arbítrio, analisemos, agora, as consequências, não da miséria, mas da pobreza digna.

Aquele que, em provação ou resgate, reencarna em condições penosas, sob o ponto de vista material, deve suportá-las resignadamente, atento aos frutos espirituais que colherá no porvir.

Um dos grandes benefícios que o homem obterá, na vivência modesta e organizada, será o fortalecimento do caráter, uma vez que uma existência laboriosa não deixa, via de regra, tempo para que desrespeite os dons da vida.

A obrigatoriedade do trabalho, mantendo-o, incessantemente, ligado a compromissos irreversíveis, na esfera profissional, sedimentar-lhe-á as boas qualidades.

Suportando, resignada e confiantemente, a pobreza honrada, conquista o homem a meta prevista antes da reencarnação: acrisolamento de qualidades, realização de tarefas ou resgate de débitos.

Mais livre, pessoalmente, é o homem pobre.

Não responde por vastos patrimônios econômico-financeiros, que lhe exigiriam mais tempo, mais lutas, mais preocupações.

Suas responsabilidades limitam-se ao trabalho que realiza em determinado espaço de tempo.

Terminado o dia de labor, é homem livre para ir aonde deseja.

Essa ideia de liberdade pessoal dá-lhe, também, maior felicidade interior.

Com as naturais exceções de regra, o homem que luta e sofre, obtendo, ao preço de copioso suor, o sustento diário, tem maior visão de Deus e de seu amor, da amizade sincera e das coisas.

O pobre tem, geralmente, sob o ponto de vista das próprias necessidades e aspirações, uma vida mais simples, se a resignação — não a acomodação — é-lhe uma constante espiritual.

Daí ter afirmado Emmanuel, a respeito de Jesus: "Tendo nascido na palha, para doar-nos a glória da vida simples, expirou numa cruz pelo bem de todos, a fim de mostrar-nos o trilho da eterna ressurreição" (*Religião dos Espíritos*, "O Guia real").

Bons são os resultados da pobreza "resignadamente suportada".

Maus, quando "suportada sob revolta".

A revolta na pobreza é, sempre, um desastre para a alma, eis que impõe a necessidade de repetição da experiência, acrescida de responsabilidades.

Como se vê, a compreensão doutrinária, à luz do Evangelho, do problema da pobreza, é de grande valia para que o homem triunfe e alcance, vitoriosamente, a meta espiritual a que se destina, ou renove a experiência.

Se bem suportada, sem revolta, nem queixas nem desestímulos, terá o homem vencido, em função da Vida Mais Alta.

7
Palingenesia

P. — Qual o fim objetivado com a reencarnação?
R. — Expiação, melhoramento progressivo da Humanidade. Sem isto, onde a Justiça?
(Item 167.)

> Não encomendes, pois, embaraços e aversões à loja do futuro, porque, a favor de nossa própria renovação, concede-nos o Senhor, cada manhã, o Sol renascente de cada dia.
>
> Emmanuel

O apreciador de assuntos transcendentes encontrará, em o Novo Testamento, diversas passagens em que Jesus se refere à reencarnação em termos tão claros que ninguém, em sã consciência, lhes pode atribuir ambígua interpretação.

Dentre elas, é extraordinário, a nosso ver, o formoso diálogo do Celeste Benfeitor com Nicodemos, que culmina na asserção "necessário vos é nascer de novo". (*João*, 3:7.)

Deparou a reencarnação, em seu caminho, o que se nos afigura natural, tremendos obstáculos.

E não temos dúvidas de que os encontrará sempre, até que se afirme, plenamente, no consenso universal, impondo-se, como já acontece esporadicamente, pelas constatações irretorquíveis.

Perquirições científicas, criteriosas, umas, apaixonadas, outras.

Obstáculos religiosos e objeções filosóficas.

Preconceitos socioraciais.

Barreiras humanas que ruirão, no entanto, à medida que os fatos, comprovados pela Ciência e por todos observados, desmoralizarem a negação, ridicularizarem a oposição por sistema, liquidarem as distorções de exegese.

Negar a lógica da reencarnação, tentando esconder-lhe as fulgurações misericordiosas, será, no porvir, tão insensato quanto negar a presença do homem na ribalta do mundo.

Ninguém pode esconder esta verdade: as ideias reencarnacionistas, por mais consentâneas com a razão, ganham terreno no pensamento humano, mercê da ampliação dos valores culturais.

As indagações da Filosofia, as pesquisas da Ciência e as conjeturas da Religião vão conduzindo o espírito do homem para inequívocas, insofismáveis conclusões ligadas ao problema do Amor e da Justiça de Deus.

O Pai não teria nosso carinho e nossa gratidão se, para o entendermos, não nos tivessem fornecido a chave das vidas sucessivas.

Conceitos clássicos, a respeito da Vida, do homem e do seu destino dentro da Eternidade não podem escapar a reformulações baseadas na filosofia espírita, levando as criaturas mais aferradas às religiões tradicionalistas, ou os céticos inveterados, a meditarem, mais profundamente, sobre problemas do cotidiano que, sem a hermenêutica reencarnacionista, jamais seriam explicados.

As diversidades na paisagem humana.

As diferenciações culturais. O gênio e o idiota.

Os desequilíbrios psicofísicos.

Os seres anatomicamente bem conformados.

Os fenômenos de teratologia, perene desafio à Medicina.

Os contrastes raciais, sociais, econômicos.

Todas essas aparentes anomalias nos conduziriam a um Deus cruel, impiedoso, frio, pior do que os homens menos justos, não existisse a reencarnação, que a tudo aclara, que a tudo torna simples.

Na mais longínqua Antiguidade, encontramos o pensamento reencarnacionista iluminando civilizações.

Na Índia, com os *Vedas*, há milhares de anos. Bramanismo e Budismo dão-lhe curso glorioso.

O Egito, na opinião de muitos orientalistas, absorveu do povo hindu a civilização e a fé, incorporando ao seu patrimônio cultural a pluralidade das existências.

Na Grécia, a par dos poemas órficos, Platão, o amado discípulo de Sócrates, conclama: "Almas divinas! Entrai em corpos mortais; ide começar uma nova carreira. Eis aqui todos os destinos da vida. Escolhei livremente; a escolha é irrevogável. Se for má, não acuseis por isso a Deus". Nele encontramos, ainda, o "aprender é recordar", evidente alusão às vidas preexistentes.

Na Gália, com os druidas.

No Cristianismo e, mais tarde, nas mais notáveis figuras do Catolicismo: Agostinho, Gregório de Nice, Clemente de Alexandria, Orígenes e outros.

Em todos, a Lei sábia, equânime, infalível, plenificada de Amor e Justiça Incorruptível, nas oportunidades de redenção e aperfeiçoamento.

Vem, pois, a reencarnação, de muito longe, no tempo e no espaço.

De muito longe, qual viajor incansável, consciente, a excursionar de maneira estupenda, imbatível, desafiando os temporais do preconceito e diluindo as sombras da intolerância.

O Espiritismo, desenvolvendo, em nossos dias, as ideias contidas em *O Evangelho segundo o Espiritismo* e em *O Livro dos Espíritos*, através do labor mediúnico de Francisco Cândido Xavier, faz com que o princípio reencarnacionista brilhe no coração da Humanidade, empolgue consciências, ocupe lugar de excepcional relevo nas galerias culturais e no pensamento de eminentes homens do nosso século.

A admissão de outros planetas habitados, por exemplo, cria mais um ponto de conexão entre a Ciência clássica e o ensino palingenésico, sabido como é que a evolução, para se completar, envolve conhecimentos e virtudes que num só mundo, como a Terra, ou numa só encarnação, não podem ser obtidos. É pouco tempo, mesmo que centenárias fossem todas as existências, para uma bagagem, de saber e moral, que assegure ao Espírito a condição de perfeito.

Almas que transitaram por aqui e por mundos equivalentes, realizam, atualmente, em planos estelares, fecundas experiências, aprimorando manifestações de Amor, no rumo da universalização para a qual estamos marchando, ao ritmo penoso de provas acerbas.

O consenso da maioria, em nossa época, representa atualização da tese reencarnacionista.

Indivíduos ferrenhos inclinam-se a aceitá-la por único recurso capaz de logicamente explicar o mundo e a vida, os seres e a evolução que lhes compete efetivar, ao preço de consecutivas experiências e laboriosas acumulações de ordem moral e cultural.

Para que se harmonizem Amor de Deus e fenômenos humanos, em suas múltiplas manifestações, necessária se torna a aceitação do postulado básico, pedra angular da filosofia espírita: "Necessário vos é nascer de novo", preceito evangélico que a Doutrina dos Espíritos realça, em páginas indeléveis.

Os salutares efeitos da reencarnação se fazem sentir no passo a passo, no dia a dia da existência.

Nos lares que se organizam e se sustentam nas motivações reencarnacionistas, apesar da distonia de seus componentes, misericordiosamente reunidos no cadinho da vivência em comum, entre as quatro paredes de uma casa, para que se reestruture o passado.

Nos grupos de trabalho que se esforçam na compreensão mútua, ao preço da contenção de impulsos, a fim de que obras respeitáveis não sofram solução de continuidade.

Fenômenos os mais surpreendentes, no campo social, reformulando estruturas antigas, aclaram-se, tão logo lhes apliquemos o prisma reencarnacionista.

Com a explicação das vidas que se interligam, neste e noutros mundos, em perfeito encadeamento, tudo se faz claro, tudo se torna simples.

Teimam alguns homens em não aceitar a reencarnação. Mas em cada ser humano que pense com isenção, sem má-fé, nem preconceito, o imperativo é formal: reencarnação, reencarnação...

Assim o cremos.

Por ela, o triunfo espiritual de todos nós.

Leiamos Kardec, em *O Evangelho segundo o Espiritismo*:

> Com a reencarnação e o progresso a que dá lugar, todos os que se amaram tornam a encontrar-se na Terra e no Espaço e juntos gravitam para Deus. Se alguns fraquejam no caminho, esses retardam o seu adiantamento e a sua felicidade, mas não há para eles perda de toda esperança. Ajudados, encorajados e amparados pelos que os amam, um dia sairão do lodaçal em que se enterraram. Com a reencarnação, finalmente, há perpétua solidariedade entre os encarnados e desencarnados, e daí o estreitamento dos laços de afeição.

Escreve o mestre lionês, em *O Livro dos Espíritos*:

> Todos os Espíritos tendem para a perfeição e Deus lhes faculta os meios de alcançá-la, proporcionando-lhes as provações da vida corporal. Sua justiça, porém, lhes concede realizar, em novas existências, *o que não puderam fazer ou concluir numa primeira prova.*

Emmanuel concita-nos no sentido de que, entendendo a vida e os problemas a ela afetos, busquemos o farol do amor e do entendimento, do bom ânimo e da paz, da solidariedade e do amparo aos que partilham, conosco, os caminhos evolutivos: "Não encomendes, pois, embaraços e aversões à loja do futuro, porque, a favor de nossa própria renovação, concede-nos o Senhor, cada manhã, o Sol renascente de cada dia".

O sentido de eternidade do Evangelho reside na própria afirmativa do Divino Mestre: "Passarão o céu e a terra, porém jamais passarão as minhas palavras".

O Evangelho segundo o Espiritismo, como repositório das lições morais do Cristo e pelo exame que faz, em alguns capítulos, do problema reencarnacionista, desafia o tempo.

Sintetiza leis que se não derrogam.

É a própria Lei de Amor que, na Terra e em todos os mundos, rege o destino das humanidades, conduzindo o Espírito imortal às culminâncias da luz.

O Livro dos Espíritos, condensando a filosofia do Espiritismo, oferece a chave explicativa dos aparentemente inexplicáveis fenômenos humanos.

Emmanuel, popularizando o ensino evangélico-doutrinário, supre a Humanidade, em nossos dias e para o futuro, do alimento espiritual de que tanto carecemos.

O mais evidente testemunho do prestígio e atualidade desses livros é a sua preferência, pelo público brasileiro, dentre as demais obras da Codificação.

Se houvesse superação de seus ensinos; ou se fossem livros que não atendessem às profundas necessidades humanas, estariam, decerto, nas prateleiras das livrarias, desestimulando os editores e entristecendo-nos a todos.

Edições esgotam-se, vertiginosamente, tão logo entregues ao mercado, constituindo, inclusive, lisonjeiro registro quando surge a reclamação de que ambos *estão em falta nas livrarias*!

E assim, exemplar a exemplar, ou aos montes, vão sendo postos à cabeceira de famílias e mais famílias, espíritas ou não, cultas ou apenas alfabetizadas, que lhes absorvem, sequiosas, todas as noites, como prelúdio do sono, o sublime conteúdo.

Benditas as inteligências e os corações desencarnados que os transmitiram, para as sombras da Terra, ausentando-se, temporariamente, em missão sacrificial, dos Celestes Páramos.

Nosso tributo de gratidão a Allan Kardec, valoroso missionário que os corporificou para o mundo sedento de luz.

Nosso reconhecimento, na mesma dimensão, às almas generosas e lúcidas que, pelos condutos da mediunidade sublimada, dão-lhes, em nossos dias, incontestável atualidade, possibilitando caírem sobre as pepitas luminosas das obras codificadoras lições refertas de orientação e consolo.

Nossas almas, em comovedora genuflexão, agradecem a Deus e a Jesus.

Abençoado o formoso diálogo de Jesus com Nicodemos e glória a *O Livro dos Espíritos*, no dedicar opulentos capítulos à palingenesia.

8
Evolução

P. — O que fica sendo o Espírito depois de sua última encarnação?
R. — Espírito bem-aventurado; puro Espírito.
(Item 170.)

> Por amor, os bem-aventurados, que já conquistaram a Luz divina, descerão até nós, quais flamas solares que não apenas se retratam nos minaretes da Terra, mas penetram igualmente nas reentrâncias do abismo, aquecendo os vermes anônimos.
> EMMANUEL

A perfeição é o grande objetivo do Espírito e se processa, naturalmente, com a subida de vários degraus evolutivos.

Quem evolui, renova-se para o bem, transforma-se para melhor.

O processo evolutivo do ser humano, no plano físico e no espiritual, obedece, em tese, a quatro fatores essenciais, a saber:

a) compreensão da necessidade de "mudar";
b) conjugação da boa vontade, do esforço e da perseverança;
c) firme deliberação de estabilizar a "mudança";
d) propósito de não retroceder na atitude mental superior, a fim de que se verticalize, em definitivo, o processo de renovação.

Enquanto o homem não compreender, ele próprio, e sentir a necessidade de "mudar", não sairá das linhas horizontais da acomodação e das promessas.

Fatores externos não o levarão a dar um passo.

Amigos espirituais abnegados dar-lhe-ão incessantes avisos, concitando-o à melhoria.

Companheiros da romagem terrena estimular-lhe-ão o espírito, através da palavra e do ensejo ao trabalho redentor.

Circunstâncias mil se desenrolarão em torno dele, em forma de abençoadas sugestões.

O homem continuará olhando, sem ver, escutando, sem entender — cego e surdo às benditas induções para o trabalho, o amor e a luz, justificando, assim, a palavra do Mestre: "Tendo olhos, não vedes? e, tendo ouvidos, não ouvis?..."

É imprescindível que a luta, o sofrimento ou a assimilação da própria verdade levem-no a sentir, pela compreensão, a "necessidade de mudar".

Será, este, pois, o primeiro passo: o próprio homem "querer mudar", ou seja, trocar o que não serve, pelo que serve, o que não convém, pelo que convém.

O segundo fator — "conjugação da boa vontade, do esforço e perseverança" — vem logo depois.

Realizada a primeira etapa — "compreensão da necessidade de mudar" — a segunda é inevitável.

Os três fatores devem se conjugar. Um deles, isoladamente, não resolverá o problema. Devem coexistir, para que se afirmem e concretizem os objetivos da renovação.

Alcançada a segunda etapa, é necessário suba o homem o terceiro degrau, mediante a firme deliberação de "estabilizar a mudança".

Exemplifiquemos: um homem adquire boa posição financeira. Se é imprevidente e malbarata os bens conquistados, perderá o que já obtivera, confirmando a asserção de Jesus: "Pois ao que tem se lhe dará e terá em abundância; mas ao que não tem, até o que tem lhe será tirado".

Se esse homem, porém, tomar providências, sensatamente, para estabilizar a boa posição, conservando-a para o bem de todos, consolidará seu bem-estar.

Com os tesouros do espírito, o problema é o mesmo. Não bastam a "compreensão da necessidade de mudar" (primeira etapa), nem a "conjugação da boa vontade, do esforço e da perseverança" (segunda etapa).

É imperioso tenha o homem a "firme deliberação de consolidar sua mudança" (terceira etapa).

Depois, então, virá a quarta fase: propósito firme de "não retroceder na atitude mental superior", a fim de que se verticalizem suas aspirações eternas.

A luta será grande, evidentemente, para que se efetivem esses quatro fatores — luta que aí não terminará, convém esclarecer, eis que novos e diversos obstáculos surgirão.

Eis alguns dos óbices que surgem no caminho evolutivo, depois da quarta etapa, quando o homem, ingenuamente, se julgou realizado, pelo espírito:

a) Reação de antigos companheiros, encarnados ou desencarnados, que se convertem, via de regra, em ferrenhos adversários.
b) Dificuldade em liberar-se de hábitos secularmente cultivados, ao longo de sucessivas reencarnações.
c) Irresistível saudade da fantasia e da ilusão, que lhe foram clima natural em diversos avatares.

Em resumo: quanto maior a disposição de "mudar", maior a luta interior e exterior — especialmente aquela, o que nos leva a repetir com o Apóstolo dos gentios: "Lembrai-vos, porém, dos dias anteriores em que, depois de iluminados, sustentastes grande luta de sofrimentos".

A errônea ideia de que se realizou espiritualmente decorre, em geral, para o homem, do falso conceito de que os Espíritos superiores carregam o fardo de nossas obrigações, isto é, fazem, em nosso lugar, aquilo que nos compete, quando a boa doutrina nos diz que os Espíritos que já alcançaram a bem-aventurança — os "puros Espíritos" — se dedicam às grandes missões de Deus, na Terra ou na

Espiritualidade, "quais flamas solares", na expressão sábia de Emmanuel.

Os instrutores de Mais Alto são categóricos sobre o assunto: "Os Espíritos superiores não nos transferem a sua luz, mas nos fornecem valiosas sementes cujo plantio e cultivo nos pertencerão".

Oportuno lembrar, igualmente, que os primeiros impulsos de renovação espiritual não nos asseguram imediata integração nos planos elevados, uma vez que a condição vibratória é fator básico para a transferência de esfera, da qual depende o nosso clima mental.

Olhar, de longe, cordilheiras altíssimas, não significa tenhamos atingido seus picos nevados e belíssimos.

Divisar, a distância, horizontes de luz, não quer dizer estejamos desfrutando, pela vivência, de seus encantos.

Não se alcança o cume de um monte com o olhar, mas com os pés...

Urge, pois, caminhar e sofrer, lutar e progredir, para, assim, integrar-nos em seus sublimes patrimônios.

A evolução — o mais belo romance que o espírito humano tem a escrever! — é uma caminhada que não se faz ao preço de vãs promessas, quase sempre de realização difícil.

Quem se renova, evolui.

Quem evolui, avança na senda do progresso.

Quem progride, constrói a própria felicidade, sob as bênçãos de Deus.

A cada passo do caminho, far-se-á, pois, indispensável a substituição das fantasias do "ontem" pelas realidades do "hoje", com vistas às nossas vitórias do "amanhã".

Amigos espirituais, em geral, e, em particular, entidades ligadas ao destino dessa ou daquela criatura colaboram, intensa e infatigavelmente, em favor do seu progresso.

O êxito do amparo condiciona-se, no entanto, à vontade pessoal do assistido, esteja ele no plano físico ou no espiritual.

É que os benfeitores de Mais Alto não introduzem, compulsoriamente, a luz da renovação em nossa cabeça: expõem-na, carinhosamente, ensinando-nos os princípios que libertam.

Algumas vezes, o tédio, seguido do desejo de orar e servir, em nome da fraternidade, constitui auspicioso sintoma de transformação íntima, eis que, nos processos evolutivos humanos, as alterações da alma, por substâncias, diferem das mudanças exteriores, quase sempre convencionais.

Cada alma viverá um processo individualíssimo, de transição, de integração com Deus.

A dor responde, via de regra, mais do que o próprio conhecimento, pelo maior número de almas que despertam, em definitivo, para as eternas verdades.

9
Tempo e lugar

P. — É-nos possível conhecer exatamente o estado físico e moral dos diferentes mundos?

R. — Nós, Espíritos, só podemos responder de acordo com o grau de adiantamento em que vos achais. Quer dizer que não devemos revelar estas coisas a todos, porque nem todos estão em estado de compreendê-las *e semelhante revelação os perturbaria*.

(Item 182.)

Estudiosos inúmeros desejariam que os chamados *mortos* se utilizassem dos sensitivos comuns, quais instrumentos mecânicos para espetaculares eventos.

EMMANUEL

A maioria das pessoas que se aproxima das luminosas fontes do Espiritismo surpreende-se, via de regra, ante o comportamento das entidades superiores, por lhes não atenderem, de pronto e segundo as suas ansiedades, à tremenda aluvião de perguntas com que comparecem ante expositores ou médiuns espíritas.

Para tais criaturas, seria a Doutrina Espírita o "abre-te, Sésamo", o condão mágico a desvendar problemas e resolver situações intrincadas da vida humana.

Para elas, seria o Espiritismo e seriam os médiuns os infalíveis decifradores de casos, a intervirem, positivamente, no laboratório terrestre, consoante esclarece Emmanuel, para:

"A cura de moléstias dificilmente reversíveis.

"A revelação de fórmulas milagrosas na matemática das finanças.

"A descoberta de forças ocultas da Natureza.

"A materialização de estadistas ilustres, domiciliados no Além, para que, de manifesto, venham falar ao povo na praça pública".

Compreende-se essa atitude, especialmente dos neófitos em Espiritismo, isso porque, penetrando o novo e admirável mundo da filosofia espírita, não lhe apreendem, de imediato, os sublimes fundamentos e os gloriosos objetivos, traçados pelo Cristo, junto à Humanidade.

De maneira específica e direta, não pode a Doutrina atender às estranhas petições que lhe são dirigidas. No entanto, dada sua função educativa, pode, se assim o desejarem aqueles que se acobertam sob sua augusta bandeira, ajudar o homem na solução de problemas que, sem o conhecimento doutrinário, se tornariam mais complexos.

O conhecimento espírita dá novos rumos ao pensamento humano, proporcionando-lhe uma série de vantagens no campo da compreensão.

Há mais discernimento no coração, a fim de que aprenda o homem a amar, servindo construtivamente.

Há uma noção de humildade que o faz atencioso e brando, sem o feio hábito da subserviência.

A modéstia não toma sentido de afetação.

Um novo conceito de como lutar, mesmo no campo da competição e dos interesses profissionais, torna-o menos ambicioso e, o que é muito importante, convicto até a medula de que "buscando o Reino de Deus e sua Justiça, tudo mais lhe será dado por acréscimo".

A ideia de que os fins justificam os meios, tão ao gosto da sociedade contemporânea, não entra em suas cogitações.

De posse, portanto, de novos recursos para compreender a limitação do entendimento dos que o cercam, um mais amplo horizonte se lhe abre, generoso e franco, para que possa, sem converter o Espiritismo na *varinha mágica* desejada por muitos, utilizar, na vida de relação, os melhores caminhos na equação de seus problemas.

Só o tempo e a vontade dão ao espírita esse entendimento, exato, da extrema valia da Doutrina na preparação do homem para que, dentro da sociedade, no lar ou no trabalho, reúna, ele, as possibilidades que o levem a cumprir com exação seus deveres e a dar a todos que o buscam não aquilo que desejam e exigem, mas, na verdade, aquilo que "podem receber".

Os Espíritos superiores dão, a este respeito, admirável exemplo de sabedoria: a resposta-pergunta a Allan Kardec — "Pode um cego de nascença definir a luz?" — é prova, bem expressiva, de que as entidades não atendem, simplesmente por atender, à curiosidade de superfície daqueles que se aproximam da Doutrina com muito boa vontade para o seu conhecimento, mas com "muito pouco fôlego" para pô-lo em prática.

Muita vez, defrontamo-nos com irmãos nossos, com boa margem de serviços à Causa, admirados de que as entidades amigas lhes não atenderam, como esperavam, à curiosidade, em caso pessoal ou na explanação de tema doutrinário. Estranham que os benfeitores lhes não ministrem, como e no instante que desejavam, a "verdade salvadora...".

Adiar o conhecimento da Verdade e de certos fatos não constitui, a nosso ver, mentira ou omissão, seja dos Espíritos ou dos encarnados esclarecidos, mas revela, segundo as motivações, ótimo discernimento.

Cada palavra, cada conceito, cada notícia tem sua ocasião própria — *tempo* e *lugar* — para que sejam proveitosos, construtivos, edificantes.

A palavra, embora bem-intencionada, em momentos inadequados, pode gerar efeitos contrários ao pretendido. A boa intenção não deve excluir a observação quanto ao instante psicológico, para que se fale ou escreva algo.

Saber a hora exata e o momento oportuno, para que se transmita esta ou aquela orientação, no campo pessoal ou em assuntos doutrinários, constitui sinal de compreensão evangélica e maturidade espiritual.

Cada revelação tem seu tempo e seu lugar.

A informação extemporânea é plantio em terreno sáfaro: a semente perde-se na aridez do campo.

Inúmeras perguntas de Allan Kardec, embora judiciosas e sérias, ficaram sem resposta, em *O Livro dos Espíritos*. Poder-se-ia admitir desconhecessem os luminares da Codificação os matizes doutrinários sugeridos pelo insigne mestre lionês? Não. É que o tempo ainda não permitia a focalização de certos assuntos que só mais tarde seriam desenvolvidos com proveito.

Na época da Codificação, a Humanidade somente poderia receber o suprimento planificado para a obra kardequiana. O desdobramento, a expansibilidade viriam depois pelos missionários do desenvolvimento espírita, como é o caso de Emmanuel e André Luiz.

Lançaram os Espíritos superiores as linhas mestras, as balizas de sustentação do edifício, utilizando o bom senso e a cultura de Allan Kardec.

Compreende-se, assim, que as entidades sábias ajam com prudência na dosagem da verdade espírita e na distribuição do socorro informativo.

De modo geral, receiam elas que o atendimento à curiosidade de superfície possa estimular a lei do menor esforço, com prejuízo para o próprio consulente, favorecer a exploração desarrazoada dos Espíritos bondosos e incentivar, consequentemente, o desvirtuamento da Doutrina, que é "revelação fundamental para renovação fundamental dos homens".

Todo conhecimento da Verdade, da parte dos Espíritos e dos doutrinadores cuidadosos, é feito no sentido de que compreendamos a missão do Espiritismo: educar-nos, no Amor e na Moral, preparando-nos, assim, para gloriosa destinação nos mundos de luz.

É por isso que, desapontando curiosos e supostos sábios, os Bons Espíritos não explicam tudo ao homem. Entendamos isto...

10
Mortes prematuras

P. — Por que tão frequentemente a vida se interrompe na infância?

R. — A curta duração da vida da criança pode representar, para o Espírito que a animava, o complemento de existência precedentemente interrompida antes do momento em que devera terminar, e sua morte, também não raro, constitui *provação ou expiação para os pais*.

(Item 199.)

> Nenhum sofrimento, na Terra, será comparável ao daquele coração que se debruça sobre outro coração regelado e querido que o ataúde transporta para o grande silêncio.
>
> Emmanuel

As mortes prematuras são verdadeiras tragédias para quantos se não abeberaram, ainda, nos regatos de luz e consolação da Doutrina dos Espíritos.

O corpo inerte de uma criança, ou de um jovem na plenitude da resistência, da vitalidade física, encarnando todo um mundo de esperanças e alegrias para a família, arranca compreensíveis lágrimas e expressões de inconsciente revolta contra tudo e contra todos, às vezes até contra a Suprema Bondade.

O instante é de dor. E a dor, gerando sofrimento. E o sofrimento, gerando desequilíbrio.

O mesmo desapontamento verifica-se, bem o sabemos, com relação aos chamados natimortos, isto é, os que nascem já sem vida.

Allan Kardec recolheu, dos Espíritos, a afirmativa de que as mortes prematuras, também não raro, constituem "provação ou expiação para os pais".

Emmanuel, com a nobre sensibilidade que lhe assinala o modo de ser, onde formoso coração se conjuga a lúcida inteligência, considera que "nenhum sofrimento, na Terra, será talvez comparável ao daquele coração que se debruça sobre outro coração regelado e querido que o ataúde transporta para o grande silêncio".

E acentua, convincente: "Digam aqueles que já estreitaram de encontro ao peito um filhinho transfigurado em anjo da agonia".

O apontamento do respeitável Instrutor, em consonância com a assertiva das Entidades Codificadoras, é no sentido de que se reprima, em tais ocasiões, o desespero.

Que se dilua a corrente de mágoa "na fonte viva da oração, porque os chamados mortos são apenas ausentes...".

Que se não transforme a desencarnação libertadora em catástrofe de aniquilamento para os que ficam e vexame para os que partem...

E, em frase admirável, que mais parece um poema, conclui que o Divino Mestre, inspirador de sua obra de universalização do Evangelho, "expirou na cruz, em tarde pardacenta, sobre um monte empedrado, mas ressuscitou aos cânticos da manhã, no fulgor de um jardim".

O conhecimento do Espiritismo e o esforço de sua aplicação na vida prática funcionam à maneira de refrigério para os que se lhe agregaram às hostes de luz e entendimento, para a renovação no trabalho.

Nos escaninhos de uma desencarnação prematura, acende-se, ou deveria acender-se, sempre, a chama das grandes e fundamentais transformações espirituais para os pais daqueles que partem na primavera da existência física, caracterizando-se, esse decesso, por abençoada pedra de toque para que a criatura desperte na direção de objetivos mais altos.

Seres que nunca se haviam interessado pelo lado superior da vida acordam, ao impacto da dor e da saudade, iniciando a aquisição de valores morais e espirituais.

Vidas de rotina, no come, dorme, procria e trabalha de cada dia, se modificam para melhor, porque, quase sempre, ao contato com a alma do pequenino ser, pela bênção do intercâmbio "Espaço-Terra", no sonho ou na mediunidade, corações antes insensibilizados abrem-se para a caridade e a compreensão, o entendimento e o amor, como flores que desabrocham, embelezando e perfumando a Natureza, começando, assim, os alicerces de obras de benemerência que se agigantam no volume e na substancialidade.

Promessas risonhas, misturando-se às gotas cristalinas do pranto saudoso, convertem-se em esplêndidas realidades que o tempo, nosso grande benfeitor, encarrega-se de sedimentar.

Os objetivos das mortes prematuras variam sempre. No entanto, jamais desarmonizam-se com os desígnios divinos, que orientam e amparam os melhores interesses evolutivos das almas.

Algumas vezes, constituem, elas, provação ou expiação para aqueles que, por efeito de sérios delitos, de funestas consequências para o destino de outrem, não souberam valorizar, noutras experiências reencarnatórias, os patrimônios da maternidade ou da paternidade.

Importante, no entanto, entendermos que tais ocorrências entrosam-se, perfeitamente, com as próprias necessidades do Espírito que sofre o desligamento prematuro e dos que lhe constituem o vínculo consanguíneo, isto porque sábias e equânimes são as Leis Divinas.

As Leis do Senhor jamais se equivocam. São imutáveis. Não se desgastam, nem se alteram sob o imperativo das circunstâncias, conforme se verifica com as leis humanas, que refletem, naturalmente, as condições de uma e outra épocas.

Nós, os encarnados, ainda condicionados às perspectivas terrestres — verdadeiros amblíopes espirituais —, é que lhes não compreendemos o mecanismo, nem os processos de reajustamento de que se revestem nem a terapêutica que trazem para nossas almas.

A desencarnação prematura, na flor da idade, pode ser o complemento de existência interrompida antes do tempo, por este ou aquele motivo.

Os que, no pretérito, recorreram ao suicídio, direto ou indireto, em qualquer de suas modalidades, recebem, na morte apressada, a oportunidade do acerto redentor.

Acima de tudo e de todos, vige a altanaria das Leis de Deus, compassivas e generosas, sábias e justas, agindo em favor do aperfeiçoamento, do progresso e da felicidade do Espírito que vem do "ontem", impregnado de erros e crimes, em marcha para o "amanhã", no esforço aprimoratório.

A Lei de Causa e Efeito é infalível, embora misericordiosa em suas atenuantes, conforme ao ensino de que "o amor cobre a multidão de pecados".

Nela, com ela e por meio dela encontraremos, na Terra e na Espiritualidade, acontecimentos relacionados, em conexão magnífica, com méritos e deméritos, créditos e débitos espirituais, expressando, invariavelmente, a mecânica da Justiça Divina.

Quando Allan Kardec perguntou aos Espíritos "que utilidade encontrará um Espírito na sua encarnação em um corpo que morre poucos dias depois de nascido", responderam eles: "O ser não tem consciência plena da sua existência. Assim, a importância da morte é quase nenhuma. Conforme já dissemos, o que há nesses casos de morte prematura é uma prova para os pais".

Esse gênero de morte, especialmente na fase da gestação, com o reencarnante enclausurado, ainda, no seio daquela que lhe seria mãe carinhosa, pode ser debitado, algumas vezes, a outras causas, tal como emissões mentais desequilibradas, que atingem, fatalmente, o organismo em formação.

Pensamentos infelizes envenenam o leite materno, comprometendo a estabilidade orgânica da criança e o equilíbrio do Espírito reencarnante.

Projeção de raios magnéticos destruidores, originados de rixas e conflitos no lar, de acentuada gravidade, influenciam, igualmente, de maneira perigosa, o corpo em preparo, podendo imobilizá-lo ou cadaverizá-lo, antes do nascimento.

Vibrações pesadas, fluidos grosseiros, podem arruinar a saúde, deles podendo resultar a desencarnação ou a entrega ao mundo, à sociedade, de indivíduos nervosos, assustados.

Deficiências materiais, orgânicas, respondem, também, por mortes prematuras, segundo os ensinos da Codificação: "Dão-lhes causa, as mais das vezes, as imperfeições da matéria". Matéria, neste apontamento, é corpo físico.

O conhecimento doutrinário e evangélico e a harmonia interior preservam os lares de tais inconvenientes.

O estudioso do Espiritismo, sem que lhe queiramos extinguir a capacidade de sensibilização, o que seria contrário à própria essência da Doutrina dos Espíritos, é observador conscientizado, na grande transição, aceitando a mudança de plano, no instante e nas condições em que vier, por imperativo natural da vida, a assinalar, nas anotações do mundo da verdade, o avanço da alma no rumo do aperfeiçoamento.

Ante aqueles que demandam a Vida na Espiritualidade, o comportamento do espírita é algo diferente, ou, pelo menos, deve ser diferente, variando, contudo, de pessoa a pessoa, com prevalência, evidentemente, de fatores ligados à fé e à emotividade.

Chora, discreto, mas se fortalece na oração.

Na certeza da Imortalidade Gloriosa, reprime o pranto que desliza na fisionomia sofrida, porém busca na Esperança, uma das virtudes evangélicas, o bálsamo para a saudade justa.

Jamais se confia ao desespero.

Não cede aos apelos da revolta, porque revolta é insubordinação ante a Vontade do Pai que o Espírita aprende a aceitar, paradoxal e estranhamente jubiloso, por dentro, vergado embora ao peso das mais agudas aflições.

A submissão aos desígnios superiores significa desejo de integração com o Senhor da Vida, entre nós, encarnados e desencarnados, representado pelas leis que sustentam a própria Vida Universal — leis morais e leis físicas.

11
Reencarnação e Hereditariedade

P. — Transmitem os pais aos filhos uma parcela de suas almas, ou se limitam a lhes dar a vida animal a que, mais tarde, outra alma vem adicionar a vida moral?

R. — Dão-lhes apenas a vida animal, pois que a alma *é indivisível. Um pai obtuso pode ter filhos inteligentes* e vice-versa.

(Item 203.)

Herdamos, assim, de nós mesmos tudo aquilo que se nos afigura embaraço e miséria no cálice do destino.

Emmanuel

A questão proposta por Allan Kardec, a resposta dos Espíritos e a segura complementação de Emmanuel sugerem o exame do problema da hereditariedade nos processos reencarnatórios.

Palingenesia e hereditariedade, fatores espirituais e elementos fisiopsicossomáticos atuantes na formação e desenvolvimento do corpo, bem assim nos empeços que a vida lhe apresentará, inspiram, assim, a elaboração deste capítulo.

Além de Emmanuel, valioso será o concurso de André Luiz, para o exame do assunto.

Duas perguntas surgem, inevitáveis:

— Existe a hereditariedade física?

— E a espiritual?

Uma resposta, certamente a ser desenvolvida na medida de nossos recursos, como premissa doutrinária, atende àquelas indagações: o Espírito encarnado é herdeiro de si mesmo, é restaurador do seu passado, é o construtor do seu destino.

Homem nenhum herdará de seus pais pendores artísticos nem vocações de qualquer natureza, se tais pendores e vocações não enriquecem o próprio Espírito.

Homem nenhum será inteligente porque os pais o tenham sido, quanto nenhum homem será intelectualmente inibido porque seus pais o sejam — assim explicaram os Espíritos superiores.

Ninguém terá sadia moral simplesmente porque os pais a tenham possuído, embora saibamos que pais moralizados incutirão, na convivência exemplificadora, princípios elevados aos filhos, se tiverem eles trazido, do passado, aquela receptividade oriunda de conquistas anteriores.

A partir da concepção, com a alma já ligada ao futuro organismo, modela-se, inicialmente, o embrião; desenvolve-se o feto; forma-se o conjunto anatômico, enfim.

Leis físicas e naturais coexistem com ascendentes espirituais, refletindo o Divino Saber e o Amor Infinito, a fim de que, de tão singular simbiose, possa surgir o corpo certo, com todos os seus complexos celulares, para o destino certo, o que equivale dizer que recebe o Espírito, ao reencarnar, um corpo que corresponda, em gênero, número e grau a todas as necessidades e encargos que o esperam.

Durante a fase de coexistência dos princípios genéticos com as leis espirituais, instrutores de Mais Alto interferem, profundamente, no encaminhamento da reencarnação, de maneira que ela possa alcançar os sagrados objetivos a que se destina.

O próprio reencarnante projeta nas células em formação, consequentemente sobre o corpo, estados mentais mais ou menos superiores, segundo o seu estado evolutivo.

Tendo por base a Doutrina Espírita, os ensinos de André Luiz e as notáveis complementações de Emmanuel, busquemos compreender o fenômeno "reencarnação-hereditariedade", com vistas à influência do reencarnante no processo de formação de seu futuro organismo.

Os genes são influenciados pelas forças mentais do Espírito que se prepara para reencarnar, assim como a limalha se distribui ao influxo poderoso do campo magnético em que se situa, condicionando, adequadamente, as composições que lhe são próprias.

Teríamos, ainda, no estudo do fascinante tema, outro exemplo, outra comparação bem elucidativa: a figura e o trabalho de uma máquina de escrever, em visualização gráfica, ajudar-nos-ão o entendimento:

Os genes funcionariam como os tipos gráficos, as teclas, no tabuleiro da hereditariedade.

Os genes serão combinados em "composições especiais" ou "frases específicas", compostas de acordo com as características vibratórias do Espírito reencarnante (datilógrafo).

Os genes acham-se à disposição do Espírito. Alguns, refinados; outros, deletérios. Movimentar-se-ão, serão ativados de acordo com a força organizadora do novo ser.

Cumprem-se, assim, tanto a hereditariedade espiritual como a biológica. Complementares. Harmônicas. Naturais. Não antagônicas.

Resumindo, podemos compor a seguinte representação gráfica:

REENCARNAÇÃO E HEREDITARIEDADE
a) Espírito = datilógrafo.
b) Óvulo fecundado = teclado.
c) Útero materno = a estrutura da máquina de escrever.

Saúde e enfermidade, beleza e feiura, felicidade e desventura, seriam a mensagem datilografada pelo próprio reencarnante e representada pelas "composições especiais" ou "frases específicas".

Moldes mentais maternos, por sua vez, em virtude da associação "mente materna — mente do reencarnante", influenciam a vida intrauterina do candidato ao renascimento, refletindo-se, inclusive, em seu futuro, tornando-o mais ou menos feliz.

Atividades mentais e estados psicológicos — *edificantes* ou *depressivos* — da futura genitora, produzem efeitos correspondentes: alegria, ideias otimistas, tranquilidade, euforia espiritual, no primeiro caso, ou: tristeza, pensamentos aflitivos, angústias, contrariedades e repulsas, que se vão refletir, mais tarde, na conduta da criança, se não possuir potência mental para superar tais repercussões.

Há, como observamos, uma série, bem complexa, de fatores influindo, preponderantemente, fora das vistas humanas, inclusive médicas, no processo da maternidade, até que se verifique o nascimento do novo ser.

"O organismo materno, absorvendo as emanações do reencarnante, funciona" — por sua vez — "à maneira de um exaustor de fluidos em desagregação."

A criança que nasce nervosa, inquieta, assustadiça, porque fora a sua mãe, durante os nove meses de gestação, uma criatura atormentada, reflete um estado mental depressivo que se transferiu, por associação, da mente materna para a sua própria.

Traços físicos, que pertencem ao corpo, apresentam semelhança, entre pais e filhos, porque "o que é da carne, é carne", para lembrar o conceito evangélico.

Do encontro do espermatozóide com o óvulo, forma-se, como se sabe, o ovo, ou zigoto, onde se achará contido o patrimônio hereditário, sob o ponto de vista fisiológico, de duas famílias que se aproximam espiritualmente, sob o inelutável impulso das leis de fraternidade, mas que também se entrelaçam, consanguineamente, sob o imperativo genético. E o princípio de tudo isso foi a união de duas almas, o encontro, ou reencontro, de dois jovens...

São 46 cromossomos (corpos ou filamentos encontrados no núcleo celular), cada um deles contendo milhões de "genes" (grânulos existentes no interior dos cromossomos), a determinar configurações exclusivamente de natureza anatômica, sem qualquer vínculo com valores morais e intelectuais.

Os "genes" — prodígio da sabedoria de Deus! — determinam os caracteres somáticos, por herança biológica: cor dos olhos e cabelos, altura do indivíduo, sinais de nascença, constituição física, frágil ou vigorosa, formato das mãos, pés, nariz, boca, orelhas, unhas, etc., bem assim pigmentação.

Tudo isso, no entanto, pode sofrer alterações se, no processo de interferência espiritual, durante a maternidade, operar-se a permuta de cromossomos, a fim de adequar a nova vida do reencarnante às suas necessidades evolutivas, nos quadros expiatórios, provacionais ou missionários.

"A hereditariedade fisiológica age sobre os seres em evolução, mas sofre a influência de quantos alcançaram qualidades superiores."

André Luiz, Emmanuel e Léon Denis põem claridade neste assunto que a Codificação, como era natural, teria que focalizar de forma condensada.

É do primeiro, a seguinte conceituação: "hereditariedade e afinidade, no plano físico e no plano extrafísico, respectivamente, são leis inelutáveis".

Ainda de André Luiz: "... toda permuta de cromossomos, no vaso uterino, está invariavelmente presidida por agentes magnéticos ordinários ou extraordinários, conforme o tipo da existência que se faz ou refaz, com *as chaves da hereditariedade* (o grifo é nosso) atendendo aos seus fins".

A ajuda dos Espíritos construtores — isto é: das Entidades encarregadas de planejar e conduzir as reencarnações, é valiosa para o êxito do reencarnante, eis que o reconforta, convenientemente, complementando, assim, com o Amor, o amparo magnético indispensável às alterações ditadas pelas necessidades do Espírito que volta ao cenário terrestre.

Conclui-se, destarte, que a hereditariedade, embora compulsória, segundo os princípios da genética, é relativa, pois que sofre a interferência de fatores espirituais, decisivos, para a adaptação do Espírito ao seu novo hábitat, para onde leva as mais caras esperanças e as mais risonhas promessas.

Muita vez o reencarnante é acompanhado, de perto, na preparação de sua viagem para a Terra, onde o aguardam experiências geralmente difíceis, por adversários do passado, que podem, inclusive, causar-lhe, e à futura genitora, sérios embaraços, tais como pesadelos, náuseas, manias, sensibilidade exagerada e, embora com menos frequência, temporária loucura.

Conhecemos casos de senhoras que, enlouquecendo durante a gravidez, ficaram inteiramente curadas tão logo se deu o nascimento da criança.

O Espiritismo explica, com simplicidade e lógica, tais ocorrências...

Quando o reencarnante é acompanhado por bons amigos espirituais, o quadro é bem diferente, eis que a futura genitora sentirá, naquele sempre delicado período para a mulher, esperanças indefiníveis, emoções sublimadas, euforias íntimas, singular vivacidade, etc.

A posição evolutiva do reencarnante responde, igualmente, pelo estado da mulher, durante os nove meses.

Rixas entre os pais projetam raios magnéticos enfermiços, atingindo, prejudicialmente, a mente da criança, ainda localizada no santuário materno.

Pensamentos infelizes, de irritação e cólera, envenenam o leite materno, produzindo estranhos distúrbios no lactente.

12
Reencarnacionismo, sim

P. — Serão devidas a essa mesma lembrança certas crenças relativas à Doutrina Espírita, que se observam em todos os povos?
R. — Esta doutrina é tão antiga quanto o mundo; tal o motivo por que em toda a parte a encontramos, o que constitui prova de que é verdadeira.
(Item 221a.)

A moldura social ou doméstica, muitas vezes, é diferente, mas, no quadro do trabalho e da luta, a consciência é a mesma, com a obrigação de aprimorar-se, ante a bênção de Deus, para a luz da imortalidade.

Emmanuel

A Humanidade se vê, realmente, numa bifurcação filosófica: caminhar na direção da luz, com as ideias reencarnacionistas, ou vagar, sem rumo, dada a escuridão dos caminhos não reencarnacionistas.

O homem crente na imortalidade da alma tem, assim, um dilema: aceitar as vidas sucessivas, em que a demonstração da Justiça e do Amor de Deus é evidente, ou adotar a chamada *vida única*, em que a alma é criada no momento da concepção, para o corpo que vai nascer.

Às religiões, portanto, cabe o inalienável imperativo de orientar o espírito humano, geralmente confuso, para que não caminhe às cegas, ante o labirinto das próprias lutas e dos conflitos conscienciais, impregnados de angústia e sofrimento, de incredulidade e medo.

Faz-se necessária, pois, a análise fria das doutrinas em torno das quais gravitam milhões de inteligências, encarnadas e desencarnadas.

O essencial é que tenha o homem o melhor, no sentido da preservação de sua felicidade, na Terra ou no Espaço.

O confronto das doutrinas reencarnacionistas com as não reencarnacionistas, para que se apontem excelências e inconveniências, torna-se um imperativo de honesta solidariedade para com aqueles que buscam, aturdidos, um roteiro espiritual.

Faremos, assim, análise e confronto sinceros e absolutamente respeitosos.

O Espiritismo, florescendo sob as bênçãos do Evangelho, sente-se à vontade para, através de seus adeptos, focalizar o assunto, seja na tribuna, nos livros ou em artigos doutrinários.

Falemos, em primeiro lugar, das doutrinas não reencarnacionistas e dos inconvenientes que, a nosso ver, apresentam. Ei-los:

a) descontinuidade dos laços espirituais;
b) separação definitiva, com a morte, dos entes queridos;
c) separação definitiva, com a morte, dos adversários;
d) insuficiência, absoluta, de tempo para o desenvolvimento moral e intelectual da Humanidade;
e) condução do homem à descrença na Justiça e no Amor de Deus.

Descontinuidade dos laços espirituais: Tem o inconveniente de limitar as afetividades e os impulsos de solidariedade humana aos círculos da família consanguínea, estimulando, assim, o egoísmo, chaga monstruosa que as religiões tentam combater há milênios.

O homem, já por si mesmo natural e congenitamente egoísta, terá, apenas, por centro de seu interesse e de seu trabalho o grupo familiar.

Todo o seu esforço, sua luta e empreendimentos girarão, exclusivamente, em favor dos que lhe integram a equipe de parentela, restringindo, assim, os sentimentos de fraternidade autêntica.

Estimula, portanto, o egocentrismo feroz.

Separação definitiva dos entes queridos: É a doutrina do desespero ante a alma querida que parte, pela desencarnação.

É o pavor ante o desconhecido, com o que surge, inevitável, a interrogação aflitiva: onde estarão o filho que partiu, a esposa ou o marido, a mãe ou o pai: no inferno ou no Céu?...

Nos lares espíritas, nota-se, certamente, em ocasiões que tais, a dor-saudade — nunca a dor-revolta! — pela ausência física do ser amado, compensada pela esperança, com a certeza da presença espiritual.

Nem inferno nem Céu, mas o plano espiritual correspondente aos méritos daquele que regressou ao mundo da verdade.

Espiritualidade, imortalidade, comunicabilidade dos mortos-vivos com os que ficaram na Terra.

Separação definitiva dos adversários: Seria a cessação das oportunidades reconciliatórias, tão almejadas pelos que não aprenderam a odiar.

O adversário, para o espírita, não é um inimigo, mas um irmão colocado, temporariamente, em posição de antagonismo, e com o qual, mais cedo ou mais tarde, tem o dever de reconciliar-se.

O espírita — estranha doutrina! — não quer o adversário a distância, nem morto: deseja vê-lo no mesmo campo de luta, neste ou noutros mundos, com as mesmas oportunidades de crescimento e reabilitação, a fim de que o reencontro se dê, o mais breve possível, para a sublimidade da reaproximação fraterna, com esquecimento de todas as hostilidades que se perderam no tempo e no espaço.

Para as doutrinas não reencarnacionistas, em tese, a morte do adversário é um alívio, é o fim.

Para o espírita é simples mudança de plano, hoje, para o reencontro conciliador, amanhã.

No Espaço, ou em futuras reencarnações, deseja o espírita reaproximar-se do adversário, porque assim preceitua a doutrina do Amor Universal pregada e exemplificada por Jesus, Senhor e Mestre de nossas vidas.

Insuficiência de tempo para o desenvolvimento moral e intelectual: Através de várias encarnações é que o espírito evolui, moral e intelectualmente, adquirindo virtudes e conhecimentos que o farão, em glorioso dia, santo e sábio.

Numa só vida — mesmo que seja ela de cem anos — poderia o homem adquirir, apenas, instrução de rotina, se não trouxesse, do passado, patrimônios espirituais e culturais que se alojaram nos escaninhos maravilhosos do perispírito — o notável *porão da individualidade*, onde se armazenam méritos e deméritos, para eclosão em futuras experiências reencarnatórias.

Numa só existência, por mais longa, não se adquiririam todas as virtudes e todos os conhecimentos.

O santo e o sábio — ou o santo-sábio — teriam de ser privilegiados de Deus, escolhidos a dedo.

Em várias existências, o santo e o sábio terão sido os construtores das próprias virtudes e dos próprios conhecimentos, segundo a maravilhosa engrenagem das Leis Divinas equânimes e infalíveis, que não estabelecem predileções por ninguém.

Enquanto as doutrinas reencarnacionistas nos falam de Deus-Amor, as não reencarnacionistas conduzem o homem, infelizmente, à descrença na Justiça Divina, por serem a própria negação do Amor de Deus.

As doutrinas reencarnacionistas, ao contrário das não reencarnacionistas, asseguram:

a) a continuidade dos laços de família, com a consequente ampliação da parentela espiritual;
b) a renovação de esperanças, pela certeza da sobrevivência e comunicabilidade da alma;
c) a universalização do conceito de fraternidade;
d) golpe de morte no egoísmo;
e) o reencontro com almas queridas, no ambiente da família ou fora dele;
f) o reencontro com adversários e credores, desta e doutras existências;
g) a consolidação de afetos, com a consequente garantia da continuidade de tarefas em comum;
h) melhor compreensão da Justiça e do Amor de Deus.

Com o Espiritismo, que viceja, exuberante, na condição de doutrina eminentemente reencarnacionista, à luz redentora do Evangelho do Cristo, ficam assegurados, pela oportunidade dos reencontros, o reajuste de situações, o resgate de débitos, a reabilitação de vítimas.

As excelências do reencarnacionismo nos falam de um Deus que não é, apenas, o Criador do Universo, Causa Primária de todas as coisas, mas também o Pai compassivo e bom, justo e misericordioso.

13
Sexo e mocidade

P. — Além da simpatia geral, oriunda da semelhança que entre eles exista, votam-se os Espíritos recíprocas afeições particulares?

R. — Do mesmo modo que os homens, sendo, porém, que mais forte é o laço que prende os Espíritos uns aos outros, quando carentes do corpo material, porque então esse laço não se acha exposto às vicissitudes das paixões.

(Item 291.)

Dois seres descobrem um no outro, de maneira imprevista, motivos e apelos para a entrega recíproca e daí se desenvolve o processo de atração.

EMMANUEL

Assim começa o namoro.

Depois, surge o noivado, por natural complementação.

Por fim, o matrimônio, coroando o namoro e o noivado e convertendo em realidade fantasias e sonhos que bailaram, meses ou anos, em duas mentes juvenis.

Quase sempre os matrimônios são planificados na Espiritualidade, tendo em vista interesses em comum de dois Espíritos, aos quais se ligam outras almas que lhes formarão o grupo familiar, a equipe consanguínea.

No casamento de hoje observa-se a presença do ontem, representada por almas que se amam ou se detestam.

Emmanuel, com aquela beleza de linguagem que a todos encanta, lembra que "o assunto (namoro) consubstanciaria o que seria lícito nomear como sendo um 'doce mistério' se não faceássemos nele as realidades da reencarnação".

Realmente, é através do "doce mistério" da primeira atração entre dois seres que, pelas portas floridas do namoro, retomam os Espíritos velhos compromissos perdidos a distância, no tempo e no espaço, compromissos que farão, muitas vezes, com que o matrimônio venha a ser a "amarga realidade" das provações difíceis, em contraposição ao "doce mistério" do começo.

A sabedoria das Leis Divinas, em seu maravilhoso funcionamento, faz com que, de forma incompreensível aos olhos humanos, haja o reencontro de almas que ajustaram experiência em comum, na intimidade do lar.

Namoro e noivado que se desfazem, de modo imprevisto, quando o casamento lhes seria o coroamento natural, possibilitam novas atrações, com ascendência espiritual, para que se cumpram na Terra programas planificados no mundo espiritual.

Pelo sexo — templo modelador de formas — aproximam-se os jovens, atraídos pelo encanto físico, preludiando a experiência conjugal que chegará depois.

Jovens de sólida formação espiritual inquietam-se na época em que observam, em si mesmos, a eclosão das energias genésicas, temerosos de que a experiência sexual lhes seja demeritória ou depreciativa.

Assim, reunindo esforço e boa vontade, disciplina e elevação de propósitos, atravessam as fronteiras da mocidade sem usar os patrimônios da vida, reservando-os para a eleita do seu coração, após a união matrimonial.

Alguns conhecem esse mundo que povoa de imagens a mente juvenil de maneira disciplinada, ordenada, sem os excessos das almas em desequilíbrio.

A maioria, no entanto, desce aos labirintos da insensatez, pela intemperança acumulando responsabilidades de toda natureza, seja no desgaste orgânico, pelos excessos, seja na intimidade do psiquismo, pelos desvarios cometidos.

Os que escrevem em nome do Espiritismo devem acentuar as responsabilidades do problema sexual e o imperativo de sua dignificação.

Estudando o assunto, neste capítulo, nosso pensamento há de, naturalmente, convergir para os moços.

Nosso interesse deve-se dirigir para aqueles que, a exemplo de todas as criaturas humanas, das mais variadas idades e situações, vivem as inquietações do problema, desarvorando-se, muita vez, pela falta de uma palavra que lhes brilhe no coração, induzindo-os ao equilíbrio e à disciplina, pela "compreensão sagrada do sexo".

É lícito, portanto, estudemos o assunto sob três aspectos, a saber: a) Posição do moço antes do matrimônio; b) Posição do moço durante o matrimônio; c) Como educar-se o moço para a "compreensão sagrada do sexo", a que alude Emmanuel.

O jovem espiritualmente preparado — dissemos "espiritualmente preparado" — poderá centralizar a mente nos aspectos superiores da Vida, guardando para o matrimônio as manifestações de afetividade íntima que lhe marcarão os deveres de esposo.

Acentuemos, entretanto, que cada individualidade reencarnada conduzir-se-á, neste e noutros campos, segundo os valores morais já adquiridos e o grau de esforço e boa vontade, disciplina e perseverança que lhe assinalarem o estágio evolutivo.

Muitos jovens "conhecerão o mundo" antes que os laços do matrimônio os prendam aos corações eleitos, com os quais deverão partilhar as experiências redentoras, na condição de cônjuges.

A normalidade da vida conjugal, segundo as Leis Divinas e humanas, assegura a harmonia no santuário doméstico. Garante o próprio equilíbrio psicofísico. Contribui para os processos das permutas afetivas, no que diz respeito às descargas genésicas. Favorece e estimula as mais nobilitantes realizações do Espírito eterno.

No Espiritismo, entretanto, também aprendemos — e isto é importante — que às uniões físicas devem sobrepor-se às uniões espirituais.

As uniões físicas devem ser a resultante da efetiva ligação espiritual, que transcende ao problema das formas materiais.

Havendo união espiritual, haverá, tacitamente, o respeito aos patrimônios da vida.

A "compreensão sagrada do sexo", lapidar expressão de Emmanuel, começa pelo entendimento de que está situada na mente a sede real do sexo, como dizem os benfeitores espirituais, impondo-se, portanto, a adoção de superior programa de atividades, em todos os setores da vida, a fim de que se sublimem as energias sagradas, possibilitando, em consequência, as edificações da alma imortal.

Empreendimentos filantrópicos, atividades religiosas ou culturais enobrecedoras constituem valioso programa de superação de pensamentos torturantes, relacionados com o sexo, favorecendo, outrossim, a transformação das forças criadoras em elementos de exaltação do bem e do embelezamento da vida.

O uso respeitável dos patrimônios da vida — asseveram os instrutores espirituais — engrandece o homem perante Deus e a sua própria consciência.

O abuso, no entanto, leva-lo-á aos abismos da delinquência e da loucura.

Milhares de moços espíritas podem, na atualidade, dar à sociedade que se desarvora os melhores exemplos de "compreensão sagrada do sexo", sentindo e vivendo o problema dentro da normalidade que equilibra e dignifica os homens perante Deus.

14
Sexo e amor

P. — Continua a existir sempre, no mundo dos Espíritos, a afeição mútua que dois seres se consagraram na Terra?
R. — Sem dúvida, desde que originada de verdadeira simpatia. Se, porém, nasceu principalmente de causas de ordem física, desaparece com a causa.

(Item 297.)

Os Espíritos sublimados se atraem uns aos outros por laços de amor considerado divino, por enquanto inabordáveis a nós outros, seres em laboriosa escalada evolutiva e que compartilhamos das tendências e aspirações, dificuldades e provas do gênero humano.

EMMANUEL

Casam-se, comumente, corpos.
Casam-se, no entanto, embora em pequeno número, Espíritos.

No primeiro tipo de casamento, unem-se almas de evolução primária, para as quais o sexo é tudo, caracterizando "homens e mulheres psiquicamente não muito distantes da selva, remanescentes próximos da convivência com os brutos", segundo Emmanuel.

Essas uniões, nascidas "principalmente de causas de ordem física", desaparecem com a causa, conforme explicaram os Espíritos a Allan Kardec. Duram, apenas, enquanto permanecem os atrativos corporais, que os anos inexoravelmente diluem.

No segundo, unem-se almas espiritualizadas, afins, para, sobretudo — sobrepondo-se a desejos de natureza exclusivamente biológica — permutarem as mais sublimes emoções, em cujo clima terão oportunidade de erguer nobilitantes edificações.

Nesse segundo tipo de casamento, integram-se "consciências que a verdade já iluminou, estudantes das leis do destino à luz da imortalidade".

Tais uniões não desaparecem com a desencarnação. Continuam além da experiência física, porque originadas de verdadeira simpatia e afinidade.

A conjunção física, nos domínios respeitáveis do sexo, constitui complementação secundária, adicional, tendo em vista os imperativos do equilíbrio e da harmonia.

Enseja os impositivos naturais, considerando, por oportuna, a observação de Emmanuel, em *Vida e sexo*, de que "o instinto sexual, exprimindo amor em expansão incessante, nasce nas profundezas da vida, orientando os processos da evolução".

Quanto mais evolvidos os seres, mais sutis e sublimadas as manifestações do Amor.

Quanto mais atrasados, mais grosseiras e degradantes.

Os casamentos de natureza espiritual, com prevalência dos requintes do sentimento, caracterizam-se pela movimentação da alma, na esfera da experiência conjugal, mediante os mais belos impulsos do coração, com pleno respeito aos patrimônios da vida.

O conhecimento espírita leva-nos a meditar nas variadas expressões do amor entre as criaturas humanas, parecendo-nos lícito conceituá-las, objetivando a análise do tema "Sexo e amor", em amor egoístico, amor elevado, amor sublimado e amor universal ou cósmico.

No amor-egoísmo, situamos paixões desvairadas, fruto, exclusivamente, do incontido desejo de posse. Dele participam almas inferiorizadas, cultivando sentimentos fortemente arraigados às origens da vida, em que, ainda de acordo com Emmanuel, orientam-se "os processos da evolução".

No amor-elevação, identificamos amores santificantes na órbita conjugal e, ainda, na maternidade, na filiação, na fraternidade legítima.

Orientando-se, embora, por acendrado grau de devotamento, pelo espírito de renúncia, predomina, ainda, no amor-elevação o amor às criaturas sobre o amor a Deus, suprema realidade de todas as almas, ao atingirem o ápice da evolução.

Temos, em seguida, o amor-sublimação. Atributo das almas angelicais, nele pairando, acima do amor às criaturas, o amor a Deus sobre todas as coisas.

Inteligências encarnadas ou desencarnadas, que respiram nessa faixa conceptual, nesse clima de maravilhosa ternura e profunda compreensão, sentem, já, as sublimadas emoções do amor puro.

Dominando, inteiramente, as forças biológicas, que impulsionam os instintos, tais criaturas impregnam o amor da cristalinidade e do perfume próprios das coisas celestes.

Informa-nos Emmanuel que "os Espíritos sublimados se atraem uns aos outros por laços de amor considerado divino, por enquanto inabordáveis a nós outros, seres em laboriosa escalada evolutiva e que compartilhamos das tendências e aspirações, dificuldades e provas do gênero humano".

No plano das transcendências, do qual estamos ainda bem distanciados, temos o Amor Universal, ou Cósmico.

O Cristo inundou o mundo, cenário de sua gloriosa missão, desse Amor sem fronteiras.

Amor-luz, Amor-sabedoria.

Asseveram os Instrutores de Mais Alto que, por meio desse amor, capaz de vencer os maiores obstáculos e superar as barreiras mais compactas, de dissipar as sombras mais densas, o Cristo "amansou a índole dos bárbaros e iluminou raças inteiras".

— **AMOR** —

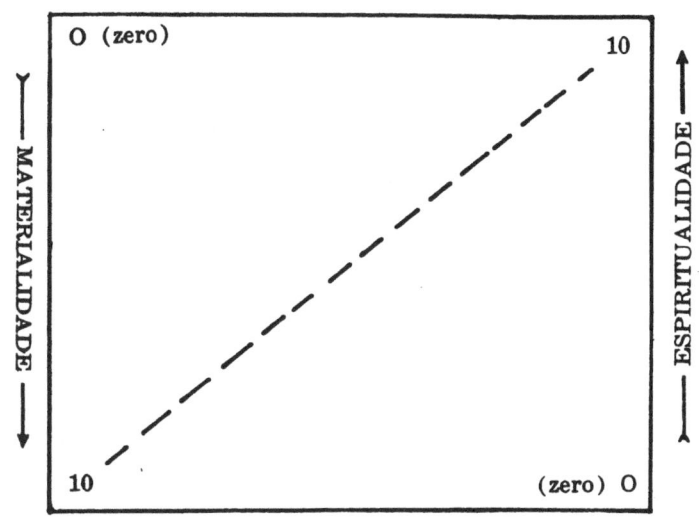

```
0 (zero)                           10
                              ╱
                          ╱
MATERIALIDADE         ╱              ESPIRITUALIDADE
                  ╱
              ╱
          ╱
10                            (zero) 0
```

Inércia → Tropismo → Instinto → Sentimento → Sublimidade

No gráfico, procuramos situar as diversas gradações do amor, que é:

AMOR — SUAS GRADAÇÕES
a) Inércia, nos minerais.
b) Tropismo, nos vegetais.
c) Instinto, nos irracionais.
d) Sentimento, nos racionais.
e) Sublimidade, nos seres angelicais.

Em tudo, encontramos o amor como expressão fundamental, básica da Vida Universal, evolutindo para as formas mais sutis e delicadas.

Na fase preambular, a mônada luminosa, que mais tarde será Espírito, ser inteligente, vai sendo envolvida, como Energia Divina, em fluidos pesados. Perde sua luminosidade, condensa-se no reino mineral.

Assim, a energia é:

ENERGIA — SUAS TRANSFORMAÇÕES

a) Condensada, na pedra.
b) Incipiente, na planta.
c) Primária, nos irracionais.
d) Contraditória, nos homens de mediana evolução.
e) Excelsa, nas almas sublimadas.

A longa viagem da mônada divina, ou princípio espiritual, para atingir as culminâncias do amor e da razão, pelo sentimento e pela cultura, Emmanuel define-a em maravilhosa visualização gráfica, transmitida a Francisco Cândido Xavier em reunião de estudos doutrinários sobre o tema "Inteligência e Instinto" (*O Livro dos Espíritos*, parte 1ª, cap. IV, questões 71 a 75), a que estávamos presentes.

Examinemos o notável quadro fluídico apresentado à vidência do querido médium e por ele levado à lousa de estudos, permitindo-nos divulgá-lo em nossas tarefas expositivas, o que temos feito, conforme ilustração da página 109.

A palavra "estágio", na linha horizontal, significa séculos e milênios nas faixas respectivas; a palavra "evolução", na vertical, a marcha ascensional, a transição de uma para outra faixa evolutiva.

Sexo e amor

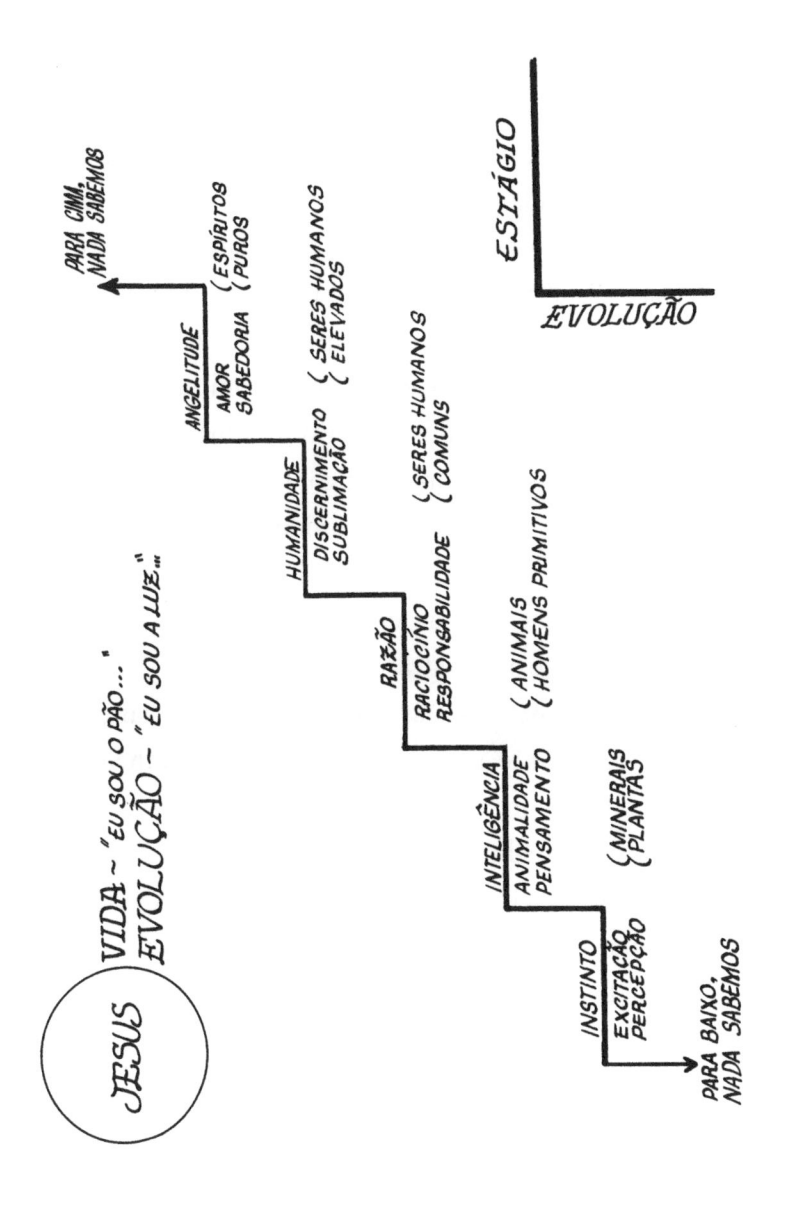

JESUS VIDA — "EU SOU O PÃO..."
EVOLUÇÃO — "EU SOU A LUZ"...

PARA CIMA, NADA SABEMOS

ANGELITUDE
AMOR
SABEDORIA
{ ESPÍRITOS PUROS
{ SERES HUMANOS ELEVADOS

HUMANIDADE
DISCERNIMENTO
SUBLIMAÇÃO
{ SERES HUMANOS COMUNS

RAZÃO
RACIOCÍNIO
RESPONSABILIDADE
{ ANIMAIS
{ HOMENS PRIMITIVOS

INTELIGÊNCIA
ANIMALIDADE
PENSAMENTO
{ MINERAIS
{ PLANTAS

INSTINTO
EXCITAÇÃO
PERCEPÇÃO

PARA BAIXO, NADA SABEMOS

ESTÁGIO
EVOLUÇÃO

Do instinto à angelitude, da inércia à sublimidade, realiza o princípio espiritual, estagiando longos períodos nas várias faixas da evolução, a marcha infinita, para, um dia, reintegrar-se com a Verdade, que é a Luz total, na perfeição.

O ser eterno, emanação divina, transforma-se em "alma vivente", organizada para executar as obras da própria edificação, utilizando-se de todos os instrumentos postos por Deus à sua disposição, todos apropriados às atividades que deve desenvolver nos ambientes em que vai evoluir.

As entidades pertencentes às denominadas esferas crísticas, que absorvem do Senhor o sublime aroma, espalham nas sombras terrenas os fulgores do amor ilimitado, que rege todos os fenômenos da vida universal, físicos e morais.

No reino mineral — as leis de afinidade são manifestações primaciais do amor-atração.

No reino vegetal — "as árvores oferecem maior coeficiente de produção se colocadas entre companheiras da mesma espécie", porque o amor-cooperação ajuda-as a produzirem mais e melhor.

Entre os seres irracionais — a ternura, as providências de alimentação e defesa e a própria formação em grupos falam-nos do amor-solidariedade.

Entre os seres racionais — é o amor o mais perfeito construtor da felicidade interna, na paz da consciência que se afeiçoa ao Bem.

Nas relações humanas, é o amor o mais eficaz dissolvente da incompreensão e do ódio.

Entre os astros, famílias de mundos viajando na amplidão cósmica, em obediência às leis da mecânica celeste, indicam-nos outra singular expressão do amor, o amor-equilíbrio, que mantém unidos astros e planetas no fabuloso espetáculo das constelações que cintilam, ofuscantes, na abóbada infinita.

Os liames conjugais, que, na concepção dos seres comuns, ainda assentam, primordialmente, na comunhão sexual, sem grandeza nem dignidade, são, em verdade, abençoada escola na qual almas que já descortinaram horizontes mais luminosos realizam o aprendizado superior.

A vida em comum, respeitosa e digna, possibilita a aquisição de valores mais substanciosos no rumo do amor universal.

Assim, com Emmanuel, consideremos o sexo "por atributo não apenas respeitável mas profundamente santo da Natureza, exigindo educação e controle".

A inolvidável sentença de Jesus — "Amai-vos uns aos outros como eu vos amei" — é oportuna concitação para que não desanimemos ante a aspereza da romagem terrena, convencendo-nos de que, além da luta árdua e dolorosa, encontraremos, mais tarde, na vitória sobre os nossos instintos, a definitiva integração na Luz imortal.

Pensamentos, palavras e, sobretudo, atos em harmonia com as Leis Divinas fortalecem-nos a experiência conjugal, aprimorando-nos sentimentos e acrisolando-nos emoções.

A renovação espiritual, segundo os padrões espíritas cristãos, dar-nos-á, além da disciplina sexual, outras expressões evolutivas imprescindíveis à nossa felicidade.

Espírito de renúncia e devotamento.

Equilíbrio moral e simplicidade autêntica.

Caridade, em seu duplo significado: moral e material.

No Espiritismo e com o Espiritismo, aprendemos que não vivemos em função do presente.

Nosso esforço, no trabalho, consolidará valores que, em nos possibilitando vida íntegra e conhecimento nobre, fraternidade e temperança, assegurar-nos-á, nas futuras experiências reencarnatórias, a colheita do edificante plantio de hoje.

Com Emmanuel, lembremos que, também no que toca ao sexo, "o caminho de elevação para o Céu se prepara na Terra".

15
Lembrança da vida física

P. — O Espírito se lembra, pormenorizadamente, de todos os acontecimentos de sua vida? Apreende o conjunto deles de um golpe de vista retrospectivo?

R. — Lembra-se das coisas, de conformidade com as consequências que delas resultaram para o estado em que se encontra como Espírito errante. Bem compreendes, portanto, que muitas circunstâncias haverá de sua vida a que não ligará importância alguma e das quais nem sequer procurará recordar-se.

(Item 306.)

A faculdade de recordar é o agente que nos premia ou nos pune, ante os acertos e os desacertos da rota.

Emmanuel

Interessante a questão proposta por Allan Kardec e bem dissecada pelos Espíritos superiores.

Lembrar a última reencarnação é fato natural na vida do Espírito, após o desenfaixamento dos laços corporais.

Algumas vezes, no entanto, permanece alheio ao passado, indiferente à própria condição de desencarnado, tudo dependendo de fatores de ordem espiritual.

É uma lembrança que vem aos poucos, "qual imagem que surge gradualmente de uma névoa, à medida que nela fixa a sua atenção".

Menores acontecimentos podem vir à memória do Espírito, o que tem levado muitos desencarnados a compararem tais lembranças a um filme cinematográfico, na tela da consciência.

Em seus aspectos gerais, é assunto muito sério o despertamento no além-túmulo, razão pela qual algumas vezes os próprios benfeitores favorecem o adormecimento, o torpor consequente ao desenlace, para evitar efeitos e traumas dolorosos.

Em determinados gêneros de morte, a inconsciência pode ser total ou parcial, especialmente nas desencarnações violentas.

Nunca é bom expor ao desencarnado, por exemplo, o próprio corpo dilacerado nem permitir-lhe a rememoração de lances que o levaram à morte, como sejam o transcurso e as peripécias da enfermidade.

Por tudo isso, nalguns casos é preferível aos amigos espirituais, agindo em nome da Bondade Infinita, deixar a entidade temporariamente envolvida nas vibrações densas com que se reveste.

Compreende-se a medida, entende-se a providência de aguardar o concurso do tempo, a fim de que o despertamento não fira os princípios de caridade, em nome dos quais atuam os missionários da luz.

Tão logo melhore a visão espiritual do desencarnado, o Amor de Deus começa a operar, através dos Bons Espíritos, em forma de reconforto e paciência, de indução à confiança no Poder Divino.

Um verdadeiro doutrinamento se processa, então, na Espiritualidade, nas regiões onde se encontra o desencarnado, precedendo, muita vez, o auxílio que, mais tarde, lhe será prestado em agrupamentos mediúnicos, nas organizações terrestres.

Naqueles que se não prepararam convenientemente, as impressões da vida física, geralmente acompanhadas de dolorosas recordações, transferem-se para a vida espiritual.

Não há mistérios, nem dúvidas, nem privilégios, no tocante ao que nos aguarda no Espaço: a posição evolutiva é que determina o estado da alma, positivo ou negativo, feliz ou desventurado.

É da Lei.

É imprevisível o período de conturbação do desencarnado; em alguns casos, no entanto, entidades com larga soma de experiência no trato com sofredores podem avaliar-lhe, mais ou menos, a duração, assim como o médico experimentado, na Terra, pode prever a vinda, o curso e a duração de crises orgânicas.

O Espiritismo ensinou-nos o comportamento adequado em relação aos chamados mortos, advertindo que nos cabe auxiliá-los por meio do pensamento, da vibração, da prece sincera.

Sendo a oração, de encarnados e desencarnados, o pão do espírito, sustentar-nos-á nos primeiros tempos de nossa presença no Espaço.

A prece, embora não isentando a ninguém das provações e lutas nem do resgate de enganos, ajuda-nos a vencê-los galhardamente.

Orar, pois, pelos desencarnados constitui, para todos nós, dever cristão.

Cooperadores fiéis, no plano espiritual, amparando o recém-chegado, ajudam-no com segurança, incutindo-lhe princípios edificantes e ideias renovadoras.

Tudo isso significa trabalho lento, uma vez que, nos problemas do Espírito eterno, geralmente muito complexos, não há, na Terra ou no Espaço, "o milagre das transformações repentinas".

É por isso, certamente, que os benfeitores espirituais advertem que há muitas criaturas — milhões delas que desencarnam, diariamente, mas poucas se libertam...

Assim como nas construções materiais não se ergue uma casa, nem se edifica uma cidade num dia — advertem, ainda, os instrutores elevados —, havendo, do alicerce à cobertura, uma sequência de esforços, nas construções espirituais caracteriza-se, por sua vez, a obra "de sementeira, de cuidado, de persistência e vigilância".

Lembrar-se-á, mais uma vez, em nome da Doutrina dos Espíritos: o recolhimento de benefícios espirituais, por encarnados e desencarnados, depende, fundamentalmente, do próprio necessitado.

Da sua boa vontade, do seu esforço, da sua adesão.

O desejo sincero de recuperar-se é meio caminho andado, na longa romagem do aperfeiçoamento.

A mente vacilante, indecisa, favorece, apenas, amparo aleatório, passageiro.

A mente firme assegura recuperação definitiva.

O amparo espiritual superior e esclarecido é incompatível com atitudes de sentimentalismo doentio, eis que somente almas esclarecidas e superiores podem ajudar na base do sentimento cristão.

Simultaneamente com o esclarecimento, pela doutrinação, na Espiritualidade ou nos grupos mediúnicos, será a prece, para o desencarnado em desajuste, um verdadeiro reconstituinte espiritual, além de movimentar, em seu favor, as forças do bem.

A prece é energia, vibração, poder.

Deduz-se, dos apontamentos deste capítulo, que vida equilibrada, consciência isenta de remorsos e amor ao próximo asseguram posição feliz, na Espiritualidade, e recordações igualmente venturosas.

"Para lá do sepulcro" — adverte Emmanuel, o querido Benfeitor — "surge o registro contábil da memória como elemento de aferição do nosso próprio valor."

O Espiritismo, representando o conjunto de valiosos ensinamentos, tendentes a amparar o espírito humano na trajetória evolutiva, na Terra e fora dela, dá-nos a mão, compassiva e fraterna, a fim de que possamos, enquanto pisamos o solo terreno, preparar-nos, em espírito, para a grande viagem.

16
O ONTEM NO HOJE

P. — O Espírito se recorda de todas as existências que precederam a que acaba de ter?

R. — Todo o seu passado se lhe desdobra à vista, quais a um viajor os trechos do caminho que percorreu. Mas, como já dissemos, não se recorda, de modo absoluto, de todos os seus atos. Lembra-se destes conformemente à influência que tiveram na criação do seu estado atual.

(Item 308.)

Crimes perpetrados, faltas cometidas, erros deliberados, palavras delituosas e omissões lamentáveis esperam-nos a lembrança, impondo-nos, em reflexos dolorosos, o efeito de nossas quedas e o resultado de nossos desregramentos, quando os sentidos da esfera física não mais nos acalentam as ilusões.

EMMANUEL

Os Espíritos encarnados (durante o sono) ou desencarnados (no Espaço ou nas sessões mediúnicas), podem tomar conhecimento do seu passado por três principais processos:

1) Leitura da ficha individual.

2) Observação de quadros fluídicos.
3) Regressão da memória:
    a) espontânea;
    b) provocada.

André Luiz, em sua portentosa literatura, esclarece o assunto com fartas demonstrações, tornando-se, assim, credor do reconhecimento de quantos se interessam, efetivamente, pelos complexos problemas após desencarnação.

No Serviço de Recordações, na Espiritualidade, (*Nosso Lar*, cap. XXI), fichários muito bem elaborados tudo relacionam a respeito de nossas precedentes existências, com o fabuloso mundo de nossos desacertos e o diminuto acervo de nossos acertos.

A evolução é assim mesmo: a Natureza, também no sentido espiritual, não dá saltos.

O espírito humano vai, de experiência em experiência, aprendendo, no grande livro da Vida, as lições que lhe formarão, mais tarde, inalienável patrimônio de virtudes e de conhecimentos.

Vez por outra, durante o sono e nas reuniões mediúnicas, ou no estado de desencarnado, torna-se necessário, por mister educativo, recordar o que fomos, o que fizemos, onde fizemos e por que fizemos tal ou tal coisa, na esteira de nossas experiências passadas.

Surgem, então, os quadros fluídicos, formados e apresentados, nessas ocasiões, por amigos espirituais, sempre, como dissemos, com finalidade instrutiva, no seu mais elevado sentido.

Muita vez, contudo, entidades perversas trazem-nos à mente, por indução magnética, cenas de expressão dolorosa, em processos vingativos de tortura moral.

Certo, também, que semelhantes cenas podem vibrar, automaticamente, na tela de nossas mentes, tão logo se verifique o contato magnético com entidades ligadas ao nosso passado — cenas que emergem de nosso subconsciente, isto é, dos recessos mais profundos do nosso perispírito, onde se arquivam todos os quadros, felizes e infelizes, de nosso pretérito.

Caracteriza-se, como se vê, o tão comentado fenômeno de animismo, que a boa orientação doutrinária e o cultivo de qualidades evangélicas, possibilitando o equilíbrio e a educação da faculdade mediúnica, conseguem corrigir, ao preço, evidentemente, de boa vontade e paciência, de compreensão e de amor.

Todo o passado do Espírito vem até o presente, esclarece a Codificação de Allan Kardec, condicionando-se, contudo, tal lembrança aos acontecimentos que tiveram influência "na criação do seu estado atual".

Algo que possa haver determinado, no destino da alma, sofrimento e desencanto, frustração ou angústia, júbilo e felicidade, pode ser objeto de reminiscência, após a desencarnação.

A regressão da memória, como dissemos no início do capítulo, pode ser:

a) espontânea;
b) provocada.

Dependendo da elevação espiritual, podem vir à tona da mente, por vontade própria do Espírito, lembrança de fatos, pessoas e coisas que se perdem a distância.

Fatos bons e fatos maus.

A recordação é espontânea, oriunda da vontade conscientemente dirigida.

No capítulo das lembranças provocadas, compulsórias, verifica-se um processo magnético de retorno às faixas do pretérito, pela alteração vibracional do perispírito, que se compõe de imagens superpostas, à maneira das camadas geológicas que permitem o estudo, científico, dos fenômenos que marcam a evolução do nosso globo, contando-lhe a história muitas vezes milenária.

Operações psíquicas, realizadas por entidades especializadas, na região do cérebro, promovem o retorno do Espírito a ocorrências perdidas no tempo — diríamos melhor: esquecidas no tempo —, e que a memória ocultara, generosamente, caracterizando o fenômeno da criptomnesia, magnificamente estudado por Ernesto Bozzano e outros eminentes cientistas, quando a Doutrina Espírita, nascendo na França, acendia, na face conturbada de nosso mundo, suas primeiras luzes.

Em certas reuniões mediúnicas bem orientadas, e que se tornam merecedoras de mais alta colaboração do plano superior, pela sinceridade de propósitos de seus componentes, dirigentes e médiuns, são feitas regressões de memória, a fim de que entidades comunicantes, revendo o passado delituoso, venham a reformular pontos de vista, começando, assim, a construção da própria felicidade.

Com o fabuloso contingente de instruções que André Luiz tem veiculado, em suas incomparáveis obras, compreende-se como se verifica a regressão da memória, bem assim os benefícios dela decorrentes, com vistas à renovação espiritual.

No seu mecanismo, assinalam-se, a nosso ver, dois fatos principais:

a) intensificação ou reavivamento de determinados centros da memória;
b) empalidecimento, ou paralisação momentânea, de outros centros da memória.

Da coordenação harmônica desses dois fatos resulta a substituição temporária das impressões e vivências do presente pelas do passado.

Sintonias magnéticas, no tempo e no espaço, levam à regressão da memória:

a) no tempo: relação da alma com ocorrências do passado;

b) no espaço: comunhão magnética com entidades afins, atraídas pela alma.

Dirigentes conscienciosos e seguros de reuniões desobsessionais obtêm resultado evangélico nessas regressões educativas, eis que, pelo recurso da sondagem íntima, conseguem melhor e mais completa eficiência no serviço da doutrinação esclarecedora.

Os efeitos são positivos, são benéficos.

Na sintonia "passado-presente" destacam-se, no bom sentido:

a) providências reconciliatórias;
b) aumento dos recursos de orientação e reconforto para o comunicante;
c) libertação do encarnado do assédio do perseguidor que, conhecendo o passado, perdoa e esquece;
d) demonstração dos benefícios da renovação, com vistas ao progresso.

No Espiritismo com Jesus, que é o Espiritismo-amor, o Espiritismo-cooperação, o Espiritismo-bondade, em favor de nossos semelhantes encarnados e desencarnados, tais acontecimentos objetivam a cristã aplicação do bem, para que, sob o generoso impulso de poucos, alguns despertem para a luz e se renovem em definitivo.

17
Fases da reencarnação

P. — Cabe ao Espírito a escolha do corpo em que encarne, ou somente a do gênero de vida que lhe sirva de prova?

R. — Pode também escolher o corpo, porquanto as imperfeições que este apresente serão, para o Espírito, provas que lhe auxiliarão o progresso, se vencer os obstáculos que lhe oponha.

(Item 335.)

Reencarnação nem sempre é sucesso expiatório, como nem toda luta no campo físico expressa punição.

Emmanuel

Assim como não existem duas reencarnações exatamente iguais, também não há dois processos reencarnatórios rigorosamente idênticos — eis um postulado doutrinário que, segundo nos parece, todos os espíritas pacificamente aceitamos.

Diversos fatores contribuem para esta variedade nas providências que antecedem uma reencarnação e para que diverso seja o seu mecanismo.

Estado evolutivo.

Ambiente onde deva realizar a sua experiência.

Necessidade ou não de uma boa saúde ou de um corpo orgânico deficiente.

Natureza das provas.

Qualidades morais e culturais.

Missão mais ou menos relevante a realizar.

Em resumo: motivo da reencarnação — missão, prova ou expiação.

Eis, aí, algumas das razões que alteram, que diversificam os processos reencarnatórios.

Focalizar, pois, o assunto nesse aspecto significa, bem o sabemos, pisar em terreno movediço.

Toda cautela é pouca para que não envered o aprendiz espírita no campo do radicalismo, da ortodoxia. Nem por isso, porém, o estudante da Doutrina deve cruzar os braços ou permanecer expectante ante a beleza, a magnitude, a sublimidade do tema.

Sem nos esquecermos, pois, de que as reencarnações variam ao infinito, podemos, no entanto, considerar que, em tese, um princípio geral deve ser obedecido nas reencarnações de Espíritos de evolução média e que apresentem as mesmas necessidades.

Os mesmos defeitos e virtudes, méritos e deméritos, boas qualidades e más tendências.

Para efeito de estudo do assunto, figuremos três fases determinadoras das reencarnações, cada uma delas com uma série de providências idênticas, ou, pelo menos, bem semelhantes.

Eis, na hipótese, algumas providências que seriam tomadas na chamada *primeira fase*:

a) intercessão de benfeitores espirituais em geral e, em particular, do reencarnante;
b) se necessário, preparação psicológica dos pais, no sentido de manter-lhes ou despertar-lhes os valores afetivo-emocionais;
c) encontros no plano espiritual do candidato à reencarnação com os futuros genitores;
d) visita ao lar no qual deverá renascer.

A *segunda fase* constaria do estabelecimento do contato fluídico com os pais, isso antes de qualquer providência concepcional, no que toca à união sexual, a fim de possibilitar:

a) perda de energias perispiríticas acumuladas no plano extrafísico;
b) assimilação de elementos fluídicos do plano corporal, em substituição às energias perispiríticas acumuladas no plano extrafísico que, por pertencerem ao plano espiritual, a este devem ser restituídas.

Como se observa, despoja-se o Espírito dos elementos energéticos do plano extrafísico, a fim de ir tecendo o novo vestuário com os agentes somáticos.

Teríamos, assim, de agora em diante, a fase final — a *terceira fase*, a se iniciar com a operação redutiva do perispírito (diminuição do corpo perispiritual, para oportuno acondicionamento no seio materno).

Entendamos, no entanto, que o que vai acondicionar-se no útero materno, a modelar o novo corpo em formação, é, propriamente, o perispírito, porque, quanto mais elevado for o Espírito, tem ele a faculdade de, durante o período de gestação, conservar uma liberdade relativa, que lhe permite uma certa autonomia de movimentos, sem prejuízo do andamento normal do processo biológico.

Em sentido inverso, o reencarnante involuído, muito atrasado, ficará *mais intimamente* justaposto ao seio materno.

Em tese, como se vê, o que se recolhe ao organismo feminino é o perispírito.

Um Espírito grandemente evoluído pode, até, comunicar-se em sessão mediúnica, durante o período de gestação.

Reencarnar é esconder-se, é ocultar-se no envoltório carnal.

É apagar-se o Espírito, temporariamente, nas sombras do mundo.

É submergir no "mar da matéria", se nos permitem a imagem, segundo a qual o reencarnante seria o mergulhador, que utiliza compacto escafandro.

As fases da reencarnação podem ser comparadas às providências para a descida de um escafandro ao fundo do mar (vide ilustração à pág. 129).

O mergulho, embora necessário, porque objetivando o adestramento e o progresso, com a consequente

Fases da reencarnação

vitória do homem sobre si mesmo, oferece perigos, mas o uso nobre e adequado do livre-arbítrio, conciliando razão esclarecida e sentimento evangélico, garante o triunfo e a iluminação.

a) Do preparo e condições do escafandrista: méritos espirituais, grau evolutivo, patrimônio moral e cultural, etc.

b) Qualidade do escafandro, representada por limitações físicas, defeitos provacionais ou expiatórios, inibições, anomalias; ou, em sentido contrário, saúde excelente, equilíbrio orgânico, etc.

c) Excelência do pessoal da equipe intercessória: entidades especializadas, Espíritos amigos, protetores que colaboram no processo reencarnatório.

d) Explorações e preparativos prévios: cursos, treinamentos, aprendizagem, enfim, visando à preparação para a nova experiência.

e) Circunstâncias especiais: fatores imprevisíveis e fortuitos, que podem ocorrer, apesar do melhor planejamento e das mais enfáticas promessas; aventuras, riscos, configurações sutis de fatores, etc.

Voltemos ao problema da redução do perispírito. Léon Denis (*O problema do ser, do destino e da dor*) e André Luiz (*Missionários da Luz, Entre a Terra e o Céu* e outros) explicam, com suficiente clareza, como se processa essa redução do perispírito, que se inicia antes do ato concepcional, propriamente dito, por meio de ação magnética, quando o reencarnante é posto em sintonia como os instrutores que presidem a reencarnação.

Estabelecida a sintonia indispensável, para que se positive o trabalho magnético dos benfeitores de Mais Alto, é o reencarnante convidado ou induzido a participar do processo palingenésico, da seguinte maneira:

a) lembrar-se da organização fetal;
b) mentalizar o seu próprio ingresso no seio materno, para o refúgio cíclico;
c) desejar ser pequeno.

A contribuição mental do reencarnante fará com que os instrutores obtenham o começo da operação redutiva, que se consolidará depois do início da ligação uterina, mediante a diminuição dos espaços intermoleculares, sob a influência de "fortes correntes magnéticas".

Inicia-se, assim, com as sagradas medidas citadas, o processo de cocriação de mais um ente, de mais uma vida.

Uma vida organizada e consciente, em seu duplo aspecto psicofísico, que ressurgirá, ou despontará nove meses depois, na paisagem terrestre, para o sublime mister da redenção pelo trabalho, pelo estudo, pelo amor.

Um dos maiores débitos que temos para com a Doutrina Espírita, entre tantos outros que o nosso coração agradecido registra, é este: o conhecimento de como se opera uma reencarnação, em seus mínimos detalhes, o que, sem dúvida, nos leva a melhor valorizá-la, buscando, consequentemente, aproveitar ao máximo o tempo de vida que nos é concedido, no envoltório carnal, pela Divina Misericórdia.

"Conhecereis a Verdade e ela vos fará livres" — asseverou o Mestre.

Conheçamos a reencarnação — dizemos nós — e a verdade reencarnatória abrir-nos-á as portas que levam ao progresso, à iluminação interna, à felicidade.

O estudo criterioso do Espiritismo — nas fontes doutrinárias de Allan Kardec e nos substanciosos livros de André Luiz e Emmanuel — constitui imperiosa necessidade, eis que, adquirindo exata noção de nossa responsabilidade individual, ser-nos-á possível realizar aquilo que, em boa linguagem, denominaríamos *evolução consciente*.

O estudo e a aplicação, simultâneos, dos fundamentos doutrinários do Espiritismo, com a sua consequente incorporação à nossa vida, colocam o ser humano no limiar do Infinito.

Teoria e prática espíritas cristãs desdobram à inteligência e ao coração os mais ricos e mais belos panoramas de crescimento e evolução para Jesus, no rumo de Deus.

O passado espiritual de grande parte da Humanidade é, realmente, deficitário, mas, recordando Emmanuel, o extraordinário benfeitor, "dentro da grade dos sentidos fisiológicos, porém, o espírito recebe gloriosas oportunidades de trabalho no labor de autossuperação".

"A bênção de um corpo, ainda que mutilado ou disforme, na Terra" — acrescenta Emmanuel — "é como preciosa oportunidade de aperfeiçoamento espiritual, o maior de todos os dons que o nosso planeta pode oferecer."

18
Aborto delituoso

P. — Constitui crime a provocação do aborto, em qualquer período da gestação?
R. — Há crime sempre que transgredis a Lei de Deus.

(Item 358.)

...um crime existe mais doloroso, pela volúpia de crueldade com que é praticado, no silêncio do santuário doméstico ou no regaço da Natureza.

EMMANUEL

O Livro dos Espíritos — pedra angular da filosofia do Espiritismo — estuda o delicado, sério e momentoso problema.

Aborto delituoso — ignominioso ato de anular, consciente e brutalmente, uma vida que se inicia, prenhe de esperanças, e que encontra formal repulsa em todos os princípios espíritas cristãos.

A literatura mediúnica de Francisco Cândido Xavier, especialmente com Emmanuel e André Luiz, oferece incisivas páginas de análise do aborto, situando-o como o mais doloroso — "pela volúpia de crueldade com que é praticado".

Define-o, ainda, nas palavras de Emmanuel, em *Vida e sexo*, por "um dos grandes fornecedores das moléstias de etiologia obscura e das obsessões catalogáveis na patologia da mente, ocupando vastos departamentos de hospitais e prisões".

Ao renascer, o Espírito é semelhante a um botão de rosa, que tem, no mundo das formas, importante missão a desempenhar. Destruir, pois, o jardineiro, o botão que anseia por desabrochar, constitui prática criminosa, eis que, com ela, privará de belo e perfumado ornamento os quadros da Natureza.

Impedindo a alma de "passar pelas provas a que serviria de instrumento o corpo que se estava formando", a eliminação de uma vida abre a seus responsáveis, diretos ou indiretos, um abismo de sofrimento e dor, no qual permanecerão longo tempo.

Quantos anos de aflição e angústia?!...

Séculos consecutivos, quase sempre...

É mais covarde a mulher que, friamente, provoca o aborto; é mais terrível o homem que, irresponsavelmente, sugere-o ou realiza-o, no exercício da medicina, do que aquele que, em conflito circunstancial, elimina um adversário sob o incontrolável destempero de um impulso de cólera.

Nos crimes comuns, o homem, via de regra, extermina o adversário que lhe poderia acarretar desvantagem no desforço pessoal; no aborto delituoso, provocado quase sempre para fugir à responsabilidade de um deslize moral, a mãe mata o próprio filho indefeso, convertendo-se em assassina do ser que as suas entranhas geravam, no mais belo e mais sublime fenômeno da vida, que é a maternidade.

O ser que vem renascendo, pedindo proteção e carinho, jaz à mercê de mãos criminosas.

Di-lo Emmanuel, em dramática imagem: "...não tem voz para suplicar piedade e nem braços robustos com que se confie aos movimentos da reação".

Fica inteiramente entregue à mãe-assassina, infeliz mulher que se transforma em algoz e do pai que se converte, na cumplicidade irresponsável, em desvairado homicida.

Se os tribunais do mundo condenam, em sua maioria, a prática do aborto, as Leis Divinas, por seu turno, atuam, inflexivelmente, sobre os que, alucinadamente, o provocam.

Fixam essas leis, no tribunal das próprias consciências culpadas, tenebrosos processos de resgate que podem conduzir ao câncer e à loucura, agora ou mais tarde.

De acordo com a Doutrina Espírita, o aborto não encontra justificativa perante Deus, a não ser em casos especialíssimos, quando o médico honrado, sincero e consciente, sentencia que "o nascimento da criança põe em perigo a vida da mãe dela".

Somente ao médico — e a mais ninguém! — dá a Ciência autoridade para emitir esse parecer.

Abordando o delicado problema, os Espíritos superiores, quando Allan Kardec lhes perguntou se constituía crime a provocação do aborto, responderam de forma incisiva: "Há crime sempre que transgredis a Lei de Deus".

Bem conhecia o excelso missionário da Codificação a responsabilidade dos pais neste sentido. Cabia-lhe, assim, na condição de sistematizador dos ensinos dos Espíritos, suscitar a questão de maneira clara, desenvolvendo-a tanto quanto possível na época, a fim de que os instrutores de Mais Alto pudessem elucidá-la devidamente, de modo que, sobre o assunto, não pairasse, em tempo algum, a menor sombra de dúvida.

Assim sendo, a Doutrina Espírita e os espíritas em geral não endossam o aborto. Condenam-no e compadecem-se de quantos o provocam.

O Espiritismo e os espíritas reprovam-no, desaconselham-no, por constituir prática anticristã, antiespírita, descaridosa, cruel, desumana, fria, horrenda, em pleno desacordo com as Leis Divinas.

O aborto delituoso é a negação do amor.

Esmagar uma vida que desponta, plena de esperanças; impedir a alma de reingressar no mundo corpóreo, abençoado cenário de redentoras lutas; negar ao Espírito o ensejo de reajuste, representa, em qualquer lugar, situação e tempo, inominável crime.

Assassinato frio, passível, segundo as luzes da filosofia espírita, de prolongadas e dolorosas consequências para o psiquismo humano.

A ignorância, o comodismo, a leviandade e o sensualismo desenfreado têm criado inconsistentes e falsos argumentos visando à justificação do ato de eliminar entes que se preparam para as lutas terrenas, em busca da redenção e do aperfeiçoamento.

Carência de recursos financeiros — falam uns. Uniões ilícitas — dizem outros.

Anomalias orgânicas — ponderam terceiros.

Preconceitos sociais — objetam alguns.

Não — mil vezes não!

Tais argumentos, que, no fundo, escondem outras razões, não podem justificar o crime pavoroso, o assassínio hediondo que a insanidade e a frieza de mentes infelizes têm gerado na sombra de cogitações desumanas.

Emmanuel, estudando os diversos tipos de crimes, é categórico: "Todavia um existe mais doloroso, pela volúpia de crueldade com que é praticado, no silêncio do santuário doméstico ou no regaço da Natureza".

"Crime estarrecedor" — continua o querido Benfeitor —, "porque a vítima não tem voz para suplicar piedade e nem braços robustos com que se confie aos movimentos da reação.

Referimo-nos ao aborto delituoso, em que pais inconscientes determinam a morte dos próprios filhos, asfixiando-lhes a existência, antes que possam sorrir para a bênção da luz."

Obstar ao renascimento, pelo assassinato, de quem, por certo, tanto lutou por obter uma oportunidade, constitui uma das mais dolorosas e infelizes transgressões às Leis do Pai.

Algumas vezes é comportamento leviano, indicando falta de juízo.

Outras vezes, é atitude simplesmente perversa e cínica, revelando crueldade.

Em todos os casos, contudo, é ação infernal, que se não coaduna com os mais elementares princípios de humanidade, de amor ao próximo, de respeito ao direito à vida, por Deus concedido a todos os seres.

As leis humanas alcançam, em suas punições, o procedimento de casais que se acumpliciam na odiosa prática do aborto delituoso.

As Leis Divinas, sabiamente difundidas e interpretadas pela Doutrina dos Espíritos, iluminada pelo Evangelho do Mestre, conceituam-no por criminosa infração à vontade de Deus, nosso Criador e Pai.

De uma coisa estamos certos: quando o Espiritismo houver empolgado o mundo inteiro, com a sua mensagem de amor e sabedoria, o aborto delituoso será banido da face planetária.

Disto não temos a menor dúvida.

19
O Espírito é tudo

> P. — Qual a origem das qualidades morais, boas ou más, do homem?
> R. — São as do Espírito nele encarnado. Quanto mais puro é esse Espírito, tanto mais propenso ao bem é o homem.
> (Item 361.)

> És um espírito eterno, em serviço temporário no mundo. O corpo é teu refúgio e teu bastão, teu vaso e tua veste, tua pena e teu buril, tua harpa e tua enxada.
> EMMANUEL

As qualidades morais, bem assim as intelectuais, dependem do Espírito.

Nunca, do corpo.

Amor, bondade, ternura, caráter e outros nobilitantes atributos têm sua origem na organização espiritual, que principiou simples e ignorante, mas aprendeu viajando pelos caminhos da eternidade.

Um bom Espírito, reencarnando-se, dará à sociedade, para felicidade sua e de seus contemporâneos, um homem bom, um cidadão digno.

A carne é secundária.

Não comanda os problemas de ordem espiritual.

Nem orienta os valores morais.

Um homem de bem, desencarnando, voltará, mais tarde, ao plano terreno, apresentando, melhoradas, as qualidades positivas que lhe caracterizaram a anterior existência.

Se a bondade desse homem é, realmente, autêntica, já se lhe constitui um patrimônio inalienável. Nunca mais reencarnará maldoso, nem indigno, tenha ele, na futura reencarnação, esta ou aquela configuração anatômica ou característica étnica. Seja sadio ou enfermo.

Quando nos defrontamos com um homem vicioso, cheio de defeitos, sabemos que ali está reencarnado um Espírito imperfeito, necessitado de amparo e misericórdia. Mais cedo ou mais tarde, no entanto, segundo o grau de sua boa ou má vontade, tornar-se-á, mediante sucessivas reencarnações, um homem puro, íntegro, sem quaisquer anfractuosidades morais.

Exato é o pensamento de Jesus: "Aquele que perseverar até o fim será salvo". Exato e claro. Inconfundível.

Um homem imperfeito, sob o ponto de vista moral, pode, no entanto, revelar-se evoluído intelectualmente. Do mesmo modo, um homem de ótimos sentimentos pode apresentar pronunciadas deficiências intelectuais.

Tal fenômeno, muito frequente na paisagem humana, se verifica porque, segundo a sã doutrina, raramente há equivalência entre o progresso moral e o intelectual.

Ao nos defrontarmos, pois, com um homem que evidencia positivas qualidades morais, aliadas a negativas possibilidades intelectuais, não imaginemos existam nele, simultaneamente, duas almas, como erroneamente atribuem os que não conhecem o Espiritismo.

A Codificação, no exame deste problema, elucida: "O Espírito progride em insensível marcha ascendente, mas o progresso não se efetua simultaneamente em todos os sentidos. Durante um período da sua existência, ele se adianta em ciência; durante outro, em moralidade".

Longa é a caminhada do Espírito, em busca da perfeição.

Terríveis as lutas.

Múltiplos os defeitos a eliminar.

Belíssimas as virtudes a adquirir.

Numa encarnação, pode-se combater este ou aquele defeito, por via de intensa disciplina. Contudo, mesmo assim, em futuras experiências reencarnatórias outros ângulos há a corrigir, inclusive ante a possibilidade do ressurgimento de defeitos combatidos, é verdade, mas não integralmente superados.

Cremos nós que a obtenção desta ou daquela virtude facilita o acesso e posterior consolidação de outras.

A soma de todos os bons atributos espirituais é que determina a perfeição.

Suponhamos esforce-se o homem para ser bondoso, segundo os padrões do Evangelho. O que ocorrerá, por via desse esforço?

O homem bom, que ilumina o seu comportamento com a lâmpada do entendimento fraterno, sentirá dificuldades em cultivar a maledicência.

Em dar expansão ao egoísmo.

Em favorecer as manifestações da intolerância.

Em alimentar, no âmago do coração, a inveja e o ciúme, o orgulho e a crueldade.

Muita coisa boa virá após a compreensão bondosa, filha do amor que "cobre a multidão dos pecados."

Por isso é que, ao obtermos, em definitivo, uma qualidade de cristã, a marcha ascensional ser-nos-á facilitada, porque, daí por diante, nossos melhores impulsos encontrarão sementeira adequada.

Uma qualidade nobre, seja qual seja, constitui elemento de sustentação do Espírito, tendo em vista os mais variados tipos de luta que a vida sugere, algumas vezes, ou nos impõe, outras vezes, considerando os fatores cármicos inerentes à vida humana.

A boa vontade, por exemplo, é um dos principais elementos do progresso, moral e intelectual. Dela decorrem situações que nos aproximam do equilíbrio espiritual.

Quem se esforça na boa vontade, firme, deliberada, de progredir, de estabilizar suas conquistas, notará que, se não todas as coisas, inúmeras delas tornar-se-lhe-ão muito mais fáceis.

O homem de boa vontade, na prática do bem, tudo simplifica.

Não cria problemas, nem para si, nem para outrem.

Semeia a luz do amor por onde passa.

A luta não o fatiga, encoraja-o.

Na derrota, armazena experiências.

Na vitória, valoriza as oportunidades redentoras.

No homem de boa vontade, o bom ânimo se renova à medida que surge um obstáculo e o vê transposto.

Enquanto estacionamos na má vontade, ou na indiferença, com relação ao autoaperfeiçoamento, insignificantes são os impulsos de crescimento, porque a má vontade, retendo-nos nas linhas horizontais da existência terrena, com o atendimento a tudo que representa paralisia, inércia e atraso, fecha-nos os horizontes do progresso.

A boa vontade, acionada pela perseverança, é extraordinária força de propulsão no rumo do aprimoramento, em todos os seus matizes, culturais e sentimentais, arremetendo, destruindo-as, contra as barreiras mentais erigidas por nós mesmos em séculos de negativas experiências.

Na direção de objetivos nobres, dá-nos a boa vontade, orientada para o Supremo Bem, os recursos de que realmente necessitamos para alçar voo às regiões de amor e luz, de conhecimento e de fraternidade.

E só o Espírito — somente ele, fagulha divina! — realizará esse voo maravilhoso, com o ingresso nos planos infinitos, não se devendo, assim, atribuir ao corpo físico acertos ou desacertos próprios da Inteligência encarnada.

Ouçamos Emmanuel: "És um espírito eterno em serviço temporário no mundo. O corpo é teu refúgio e teu bastão, teu vaso e tua veste, tua pena e teu buril, tua harpa e tua enxada".

O corpo, sob o ponto de vista moral, cumpre ordens do Espírito, de quem é mero instrumento.

"Frequentemente" — lembra-nos o sábio Instrutor — "atribuís ao corpo as atitudes menos felizes que te induzem à queda moral e, por vezes, diligencias enfraquecê-lo ou flagelá-lo, a pretexto de evitar tentações."

"Isso porém" — continua — "seria o mesmo que espancar o automóvel porque um motorista demente se dispusesse a utilizá-lo num crime, culpando-se a máquina pelos desvarios do condutor."

Ao Espírito competem as lutas renovadoras, aproveitando, desta maneira, o instrumento carnal, temporário, que a Divina Providência lhe concede, como recurso ao trabalho de reabilitação e crescimento.

Boa vontade no trabalho, na aflição, no cumprimento de seus deveres, por mais árduos sejam eles.

As existências passadas preparam-nos a presente, tanto quanto a atual prepara as do futuro.

"Bem-aventurado, pois, todo aquele que, apesar dos entraves e das lágrimas do caminho, sustentar nos ombros, ainda mesmo desconjuntados e doloridos, a bendita carga das próprias obrigações" — finaliza o ex-senador romano.

20
Esquecimento na carne

P. — Por que perde o Espírito encarnado a lembrança do seu passado?

R. — Não pode o homem, nem deve, saber tudo. Deus assim o quer em sua sabedoria. Sem o véu que lhe oculta certas coisas, ficaria ofuscado, como quem, sem transição, saísse do escuro para o claro. *Esquecido do seu passado ele é mais senhor de si.*

(Item 392.)

Encetando uma nova existência corpórea, para determinado efeito, a criatura recebe, desse modo, implementos cerebrais completamente novos, no domínio das energias físicas, e, para que se lhe adormeça a memória, funciona a hipnose natural como recurso básico, de vez que, em muitas ocasiões, dorme em pesada letargia, muito tempo antes de acolher-se ao abrigo materno.

Emmanuel

Reencarnação.
Esquecimento na carne, ao renascer.

Prejuízos da plena lembrança do passado.

Vantagens das reminiscências, embora tênues, do pretérito — eis os elementos de elaboração do presente capítulo.

Nosso objetivo, assim procedendo, é pormenorizar, ao máximo, os múltiplos aspectos do problema, à luz do Espiritismo, de maneira a torná-lo o menos incompleto possível, fornecendo, assim, aos leitores, o maior número de informes elucidativos.

O natural entrosamento do tema — reencarnação, esquecimento, vantagens das reminiscências e prejuízos das recordações totais — favorece a focalização dos vários aspectos, com o que daremos ideia geral do importante assunto.

Com a reencarnação, esquece o Espírito, por completo, o seu passado, ressalvados, é bem de ver, os raríssimos casos assinalados pela bibliografia espírita.

Diluem-se, por efeito da densidade física, as recordações das existências que se foram, na cadeia maravilhosa dos renascimentos, permanecendo, apenas, reminiscências.

A nova aparelhagem cerebral, organizada em função das necessidades da existência que se inicia, oculta, em sua complexa estrutura, todas as lembranças do ontem, de modo que somente tênues reminiscências falam, hoje, do passado.

Esse esquecimento retrata, na verdade, a Divina Sabedoria.

Iniciando nova existência, com novos e fundamentais deveres evolutivos, no que toca à restauração de valores e à edificação do futuro, necessita o Espírito de campo livre para a semeadura que o Amor de Deus volta a lhe propiciar.

A Providência celeste utiliza, como explica Emmanuel, "a hipnose natural como recurso básico" para o olvido, que se inicia no plano espiritual, antes da reencarnação, continua na vida fetal, onde se estreita, para consolidar-se, enfim, com o renascimento.

Com o encolhimento do veículo perispiritual — operação redutiva, por ação magnética — submete-se o Espírito às limitações corporais, com o que, praticamente, enclausura-se na libré física, alterando-se-lhe, em consequência, o movimento vibratório do perispírito.

Reencarnado, enfim, seu novo cérebro, funcionando à maneira de velador ou apagador, sepulta as recordações do passado, abrindo ao Espírito, livre, desimpedido, o caminho da redenção.

A partir daquele instante, vai começar a ser escrito, no grande livro da eternidade, mais um capítulo de luz ou de sombra, segundo a vontade, o esforço e os recursos do reencarnante.

É o notável romance do aperfeiçoamento que tem o seu curso, de novo, no cenário da Terra.

É o admirável drama da evolução, à luz das gambiarras do orbe terrestre.

A plena recordação do passado, em seus pequenos detalhes, apresentaria vários inconvenientes para o Espírito, entre os quais enumeraríamos os seguintes:

a) cultivo de ideias errôneas e sistemáticas;
b) exaltação, em certos casos, do orgulho desmedido e avassalador;
c) recordações humilhantes, a provocar desequilíbrios geradores da revolta;
d) manutenção de preconceitos raciais, sociais, religiosos, etc.;
e) perturbações na vida contingente, no lar e na sociedade, com os inconvenientes do desestímulo e a intensificação de compreensíveis dificuldades.

Quem figurou, em precedente existência, em quadros de relevo, no inconsistente e precário mundo das convenções, poderia, pelo despreparo evangélico, continuar alimentando falsas noções de superioridade, nos domínios do ridículo.

Orgulhosos de ontem prosseguiriam olhando a Humanidade do pedestal de sua presunção, perdendo, assim, salutar oportunidade de redimir-se pelo afeiçoamento e vivência da humildade renovadora.

A recordação, clara, de prejuízos a outrem causados daria ao Espírito arrependido, já sequioso de recuperação, natural e compreensível constrangimento.

A recordação de atitudes condenáveis, vividas no passado, seria, assim o entendemos à luz da Doutrina dos

Espíritos, fonte de dolorosas consequências para a alma renascente.

Reminiscências construtivas, no entanto, embora vagas, ou talvez por isso mesmo, constituem incentivo e sustentação para o Espírito em nova experiência, considerando-se que representam valiosa ponte entre o ontem e o hoje, na áspera caminhada para o amanhã.

Aptidões inatas, favorecendo a assimilação de conhecimentos, são base para a ampliação de conquistas culturais, através dos valores da Arte e da Filosofia, da Religião e da Ciência.

Qualidades nobres, conservadas pelo Espírito, no campo das reminiscências, são precioso adubo para novas aquisições morais, sentidas e vividas no lar, na escola e nos templos de fé.

Os Espíritos explicaram a Kardec:

"Em cada nova existência, o homem dispõe de mais inteligência e melhor pode distinguir o bem do mal. Onde o seu mérito se se lembrasse de todo o passado?".

A evolução, sendo bênção de Deus para o homem, é, ao mesmo tempo, resultado do seu afeiçoamento ao "suave jugo" do Cristo, na prática do amor.

E ao "fardo leve", na obtenção de conhecimentos.

21
Atividade espiritual

P. — Durante o sono, a alma repousa como o corpo?
R. — Não, o Espírito jamais está inativo.
(Item 401.)

> Nos círculos mais elevados do Espírito, o trabalho não é imposto. A criatura consciente da verdade compreende que a ação no bem é ajustamento às Leis de Deus e a ela se rende por livre vontade.
>
> Emmanuel

Incessante é a atividade do Espírito, seja na vigília, seja durante o sono.

Habituados, sempre, a examinar os problemas em função das leis conhecidas, atuantes na esfera fisiológica, os menos afeitos aos temas espíritas encontram dificuldade em compreender não tenha a alma necessidade de repouso.

Levemos em conta, no estudo do assunto, o trinômio "Espírito-perispírito-corpo", para que se facilite nosso entendimento.

Para o corpo o descanso é imperativo, objetivando o refazimento da estrutura celular, cujo desgaste, naturalmente, provoca a exaustão, o enfraquecimento orgânico.

O perispírito, igualmente, por refletir, nas almas pouco evoluídas, o condicionamento a impressões e sensações de natureza fisiológica, acusa reações de cansaço e aflição, de dor e sofrimento, consoante observamos nas sessões mediúnicas, ao se comunicarem entidades ainda ligadas, mentalmente, ao veículo corpóreo. Além da referência dos Espíritos a Allan Kardec, a literatura de André Luiz comprova a necessidade do "descanso perispiritual", que se reflete, inclusive, em sua densidade e coloração.

O Espírito, a centelha divina, o elemento inteligente, incorpóreo, não repousa, não dorme, segundo os atuais conhecimentos doutrinários.

Tão logo entorpece o corpo, pelo sono, afasta-se o Espírito e demanda regiões do seu agrado, de sua preferência, para o desempenho de atividades peculiares ao seu estado evolutivo, o qual lhe dita os gostos.

Assegurando que o *Espírito jamais está inativo*, a Codificação complementa o ensino:

> "Durante o sono, afrouxam-se os laços que o prendem ao corpo e, não precisando este então da sua presença, ele se lança pelo espaço e entra em relação mais direta com os outros Espíritos".

Os sonhos — dizem os amigos de Mais Alto — comprovam a liberdade e atuação do ser, enquanto dorme o homem.

Atividade espiritual

Quantos encontros, à noite, realiza nossa alma com amigos e desafetos, com entidades inferiorizadas ou com almas superiores, causando-nos alegria ou tristeza, segundo o caso, provocando um despertar suave e esperançoso, inquieto ou sufocante!

Os pesadelos — abstraindo-nos, é bem verdade, dos arrolados pela Medicina, e que se verificam por anomalias fisiológicas, envolvendo perturbações digestivas — são, sob o ponto de vista espírita, o resultado de desagradáveis encontros com adversários, encarnados ou desencarnados, que nos atacam, que conosco duelam.

Leia-se André Luiz, entidade que não cessa de estudar, no plano espiritual, e de transmitir-nos o que vai aprendendo, e ter-se-á conhecimento de tudo isto.

Encontros felizes, reuniões encantadoras, aulas edificantes, tertúlias plenas de amor, dos quais guardamos, algumas vezes, clara recordação, realizam-se durante o sono, além da vida orgânica, em prolongamento das experiências diuturnas.

Problemas aparentemente insolúveis, no quadro dos argumentos e providências simplesmente humanos, são equacionados, via de regra, na Espiritualidade, no contato com almas generosas e amigas, que, dotadas de mais ampla visão, experientes e sábias, vislumbram ângulos e implicações que nos escapam, aqui no plano terrestre, onde mais limitadas são as nossas percepções.

A vida real é a espiritual.

A imersão da alma no corpo de carne representa, apenas, a necessidade do comparecimento do viajor da eternidade ao cenário do mundo, no cumprimento de missão, de provas ou no resgate de enganos que lhe comprometeram a felicidade e o equilíbrio.

O Espírito movimenta-se, trabalha, atua e age enquanto dormem os sentidos físicos, muito mais do que imaginar se possa.

Durante o sono, apenas o consciente adormece.

Liberta-se o inconsciente, pelo afrouxamento da "vigília".

Os sonhos premonitórios e uma série de outros fenômenos psicológicos evidenciam, de maneira incontestável, a atividade do Espírito durante o sono, aglomerando fatos do passado e do presente e aspirações futuras.

Examinando o problema dos sonhos, no capítulo da atividade espiritual, consideramos oportuno recorrer, mais uma vez, à obra extraordinária de André Luiz — *No Mundo Maior*, explanação de Calderaro, no capítulo "Casa mental" —, para melhor entendimento da mecânica dos sonhos, em sua profunda complexidade, tendo em vista as naturais reações psicológicas do homem fisicamente adormecido, mas com o Espírito em plena atividade.

Eis o que nos diz o categorizado Instrutor:

"Não podemos dizer que possuímos três cérebros simultaneamente. Temos apenas um que, porém, se divide em três regiões distintas. Tomemo-lo como se fora um castelo de três andares".

Nossa visualização gráfica:

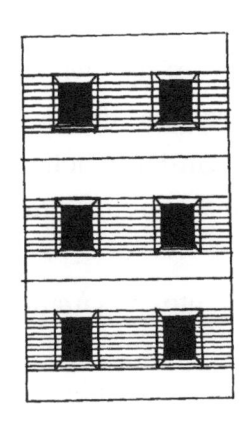

- Superconsciente
  = Casa das noções superiores
- Consciente
  = Domicílio das conquistas presentes
- Subconsciente
  = Residência dos impulsos automáticos

Classificando, desta maneira, nos três andares do "prédio", o superconsciente, o consciente e o subconsciente, complementaríamos ainda — porque nosso propósito é tornar compreensivo o assunto — a elucidação, já suficientemente clara e lógica, sobretudo singela, com mais um esquema:

CASA MENTAL
Superconsciente = Idealismo superior = Futuro
Consciente = Conquistas atuais = Presente
Subconsciente = Síntese dos serviços = Passado
                já realizados

Lições maravilhosas são-nos ministradas à noite, enquanto repousa o corpo.

Experiências valiosas são-nos transmitidas enquanto passam, tranquilas, as horas noturnas.

Oportunos avisos são-nos dados enquanto dormimos.

Muitas resoluções, tomadas durante o dia, constituem o resultado, a soma de conselhos, de orientações, de roteiros que os amigos espirituais — os "anjos da guarda" de nossos caros irmãos do Catolicismo — fornecem-nos à noite, ocorrência que justifica, sem dúvida, o bem conhecido dito popular de que "a noite é boa conselheira".

Quem gosta de bons assuntos, bons assuntos procurará durante o sono.

Quem prefere bons ambientes, bons ambientes buscará, em Espírito.

A regra prevalece, é bom acentuar, em sentido inverso, indicando a predominância do Espírito nas ações humanas. Inclinações da criatura encarnada vigem no campo espiritual, no sono ou na desencarnação, não tenhamos a este respeito a menor dúvida.

Imperioso, portanto, cultivemos, aqui na Terra, tudo quanto representa amor e convicções nobres.

Indulgência para com os nossos semelhantes.

Desambição ante os valores do mundo.

Cultivo da solidariedade.

Exercitemos, na vigília, o que de melhor nos seja possível fazer, de modo não seja o sono, para nós outros, desagradável pesadelo, mas algumas horas de ventura, nas sociedades de além-túmulo, a garantirem, pela manhã, um suave despertar e reconfortante dia de trabalho.

O superconsciente poderia ser designado por "Região da Esperança", nela situando eminências espirituais que nos compete atingir. As intuições dos gênios e as criações dos santos significam penetrações no compartimento superconsciencial.

O consciente (zona intermediária), campo de atividade da vida presente, contém energias utilizáveis para as manifestações peculiares ao nosso "modo de ser" atual.

Vida moral equilibrada, estudos edificantes, amor evangélico, culto à verdade, etc., são recursos que, adotados na vida presente, criarão condições para que se formem os gênios e os santos.

Na zona subconsciente, situa-se a "residência de nossos impulsos automáticos". É a vida mecanizada, dela eclodindo impulsos que contam a nossa história pretérita.

A fim de nos mantermos equilibrados na direção do Mais Alto, devem as nossas mentes se valer das conquistas passadas, desde que nobres, na orientação do presente, que, por sua vez, deve-se amparar na luminosa esperança que flui do idealismo elevado, para que se concretizem os notáveis cometimentos do futuro — "meta superior a ser alcançada".

22
Sono e sonhos

P. — Acontece com frequência verem-se em sonho coisas que parecem um pressentimento, que, afinal, não se confirma. A que se deve atribuir isto?

R. — Pode suceder que tais pressentimentos venham a confirmar-se apenas para o Espírito. Quer dizer que este viu aquilo que desejava, *foi ao seu encontro*. É preciso não esquecer que, durante o sono, a alma está mais ou menos sob a influência da matéria e que, por conseguinte, nunca se liberta completamente de suas ideias terrenas, donde resulta que as preocupações do estado de vigília podem dar ao que se vê a aparência do que se deseja ou do que se teme.

(Item 405.)

Em determinadas circunstâncias, contudo, como nos fenômenos premonitórios, ou nos de sonambulismo, em que a alma encarnada alcança elevada percentagem de desprendimento parcial, o sono representa a liberdade relativa do Espírito prisioneiro da Terra, quando, então, se poderá verificar a comunicação "intervivos"...

EMMANUEL

Durante o sono emancipa-se o Espírito, parcialmente, do corpo, e ingressa no mundo espiritual, para uma vivência autêntica, real, de duração mais ou menos longa.

É nesse estado que ocorrem os sonhos, para os quais oferece o Espiritismo interessantes e sensatas explicações.

No livro *Estudando a mediunidade*, há um estudo mais circunscrito do assunto, cabendo-nos, agora, desenvolvê--lo um pouco mais, em função dos legítimos interesses da alma.

Reuniões maravilhosas se realizam, na Espiritualidade, enquanto dormimos, com o objetivo do esclarecimento, da orientação, do reconforto.

Tais reuniões constituem a demonstração cabal do interesse constante de Jesus, por intermédio de seus mensageiros, pela nossa melhoria, pelo nosso progresso.

Com base nos ensinos da Codificação e dos instrutores espirituais, podemos nós, os encarnados, conhecer um pouco das características dessas admiráveis assembleias.

Algumas destinam-se a determinados grupos de criaturas ainda no corpo físico, que, prevalecendo-se da bênção do repouso orgânico, deslocam-se, tão logo adormecem, para locais já do seu conhecimento, verdadeiros tabernáculos espirituais, geralmente acompanhadas de amigos generosos.

Pela intercessão desses benfeitores, podem comparecer criaturas não integrantes de tais grupos.

Outras, não comparecem: desviam-se, tão logo adormecem, para outros ambientes, qual se verifica na Terra, em que o indivíduo pode modificar, por vontade própria ou por indução de terceiros, o roteiro planejado ao sair de casa.

No entanto, no estado de vigília, ao despertar, devido à reduzida potencialidade do aparelho cerebral, conserva, apenas, a essência dos ensinos, sem os pormenores.

Os efeitos dessas reuniões, benéficos e salutares, presididas por sábios instrutores, fazem-se notados no ou nos dias seguintes.

Labores diuturnos são reiniciados em clima de esperanças e bom ânimo.

Ideias se renovam, com o acréscimo de novos valores educativos.

Alívio e repouso dão sentido diferente à existência.

Contrariamente, almas ainda apegadas às expressões grosseiras da vida participam de reuniões de nível inferior, em zonas próximas à crosta terrena, com entidades do mesmo tipo vibratório.

Extravasam-se, então, em vários rumos, durante o sono, certos impulsos e tendências, sentimentos e propósitos, levando o Espírito parcialmente desprendido a determinado comportamento que, em estado normal, isto é, na vigília, não teria coragem de adotar.

Com o relaxamento das defesas próprias, de ordem moral, de sentido ético, exteriorizam-se sentimentos diversos, contidos na vida física pela responsabilidade social ou religiosa, pelas ocupações de rotina e por deveres outros, inerentes ao mundo contingente.

Verdade é que o livre-arbítrio humano funciona, igualmente, durante o sono, encaminhando-se o Espírito para os lugares de sua preferência.

A este respeito, dizem os instrutores espirituais que todos somos "chamados" a cooperar na obra divina — no caso, renovando-nos, individualmente, para que os reflexos atinjam as comunidades — contudo, a condição de "escolhidos" depende, em princípio, de nós próprios.

Devotamento ao bem, persistência na melhoria dos sentimentos, fidelidade aos princípios superiores e operosidade no campo de trabalho que a Misericórdia Divina nos reservou, na gleba terrestre, eis os fatores que nos levarão a viver, durante o sono, com a dignidade compatível com o que temos aprendido na abençoada escola do Espiritismo.

"A ordem é atestado de elevação", ensina Emmanuel, e, dentro de tal formulação, a disciplina espiritual permite que encarnados aplicados e assíduos adquiram, nas assembleias do Espaço, o direito de consulta construtiva, acerca de temas fundamentais ao progresso humano.

Já com alunos transitórios, levados mais pela intercessão caridosa, que afinam pelo diapasão comum da pura curiosidade, o problema é diferente: desfrutam, apenas, da concessão da frequência.

A Espiritualidade superior esmera-se no aproveitamento do tempo, que não pode, nem deve sofrer prejuízos.

Muitas atitudes nossas, felizes ou infelizes, aqui no plano físico, resultam do que por nós foi observado nas assembleias espirituais superiores, ou nas promovidas por entidades inferiorizadas.

Segundo os princípios do livre-arbítrio e ante a compreensão de que cada mente escolherá situações e equacionará problemas de acordo com a própria preferência, durante o sono terá o homem aqueles sonhos que representam e traduzem a sua vivência mento-psíquica na atualidade, ressalvando-se, é bem de ver, em nome da boa doutrina, os casos de revivescência de cenas e quadros plasmados na tela perispirital em existências pretéritas.

23
Benfeitores

P. — Como distinguirmos se um pensamento sugerido procede de um bom Espírito ou de um Espírito mau?
R. — Estudai o caso. Os bons Espíritos só para o bem aconselham. Compete-vos discernir.

(Item 464.)

Ser-nos-á sempre fácil discernir a presença dos Mensageiros divinos, ao nosso lado, pela rota do bem a que nos induzam.

Emmanuel

Assegura-nos Emmanuel que, "qual acontece com a árvore, a equilibrar-se sobre as próprias raízes, guardamos o coração na tela do presente, respirando ao influxo do passado", conceito luminoso que coincide, inteiramente, com os grandes problemas humanos da atualidade; com as intensas crises de crescimento espiritual com que se defronta o homem em seu afã de desprender-se das injunções do pretérito e avançar, com firmeza, pelas abençoadas trilhas da redenção.

A nossa herança do passado é, realmente, bem negativa, dado que vivemos não em função exclusiva das ocorrências atuais mas em esforço de recomposição de tudo quanto desarticulamos, por desídia, nos dias que se foram na esteira, imensa, dos séculos e dos milênios.

Se desejamos cultivar a humildade, sentimos repercutirem, no coração, pruridos bem fortes do orgulho.

Se ensaiamos atitudes de generosidade, o fantasma do egoísmo prende-nos em suas terríveis malhas, à maneira de enorme polvo.

Se ansiamos por gestos de altruísmo, a ambição fala, tonitruante, teimosa, nos recessos da alma.

O fenômeno é inevitável, o quadro é real: a luta do "homem novo", esclarecido pelo Evangelho, à luz do Espiritismo, contra o "homem velho", trajando a milenar indumentária da fantasia, por tantos séculos usada em consecutivos carnavais de alucinação e poder.

Na atual conjuntura da Humanidade, em que vivemos o conflito do que "realmente somos" contra o que "realmente devemos e pretendemos ser", a Doutrina Espírita surge, altaneira e bela, imponente e gloriosa, por mensagem reconfortante e esclarecedora, repleta de suaves e autênticas esperanças.

Além de informar, com lógica, ao homem ser ele o artífice da roupagem com que buscará novos e mais belos destinos, diz-lhe que não está só.

Que tem, no mundo espiritual, amigos a intercederem por sua felicidade, a fim de assegurar-lhe a estabilidade de que necessita para lutar e servir, amar e vencer, apesar do assédio dos desencarnados que lhe foram comparsas em dramas do passado.

Aprende-se em Espiritismo que, embora a nossa disposição constitua substancial fator no sentido de neutralização da influência que os adversários dos dois planos nos movem, a intercessão benfeitora é indiscutível, real e valiosíssima no trabalho de anulação das forças desequilibradas e perturbadoras que rondam e ameaçam quantos se proponham a crescer, em espírito.

São esses amigos de Mais Alto que *acordam a esperança e restauram o bom ânimo* nos que se veem a braços com assédios de ordem espiritual, sendo lícito, no entanto, recordar, em nome da boa doutrina, que *a tarefa de sustentação pertence ao próprio homem.*

A luta é, realmente, muito grande, eis que põe em jogo forças antagônicas: de um lado, os amigos que acordam a esperança no coração desalentado; do outro, as entidades, não evoluídas, que buscam quebrantar as energias espirituais que os benfeitores revitalizam.

O fiel da balança, contudo, está no próprio indivíduo, que, pelo livre-arbítrio, deverá realizar a tarefa, fundamental, de manutenção das próprias forças, alentadas pela bondade e pelo carinho daqueles que por nós intercedem, generosamente, nas regiões celestes.

Oração e trabalho, fé e estudo, amor e confiança são os pilares dessa sustentação de energias.

É necessário, imprescindível mesmo, que a constância no bem e no trabalho funcione, apesar de tudo e de todos, de modo que as nossas deliberações favoreçam o equilíbrio e a segurança.

A instabilidade espiritual, a falta de confiança e o desinteresse por programas de renovação propiciam a invasão e o domínio das sombras na gleba de nosso coração.

Diz *O Livro dos Espíritos* que "os Espíritos imperfeitos são instrumentos próprios a pôr em prova a fé e a constância dos homens na prática do bem".

A luta, essencialmente, é nossa, é do ser encarnado. A renovação, pelo amor e pelo trabalho, vem do mundo interior de cada um de nós, mas escassas seriam as possibilidades de vitória não fora o maravilhoso, o fraterno serviço de intercessão, a nosso benefício, realizado pelos cireneus do amor, em comovente anonimato.

Os amigos espirituais, em nome da Magnanimidade Divina, ajudam-nos em nossas lutas, reorganizam nossas forças. O Espiritismo, contudo, por seus mais autênticos luminares, adverte-nos, claramente, que a tarefa de sustentação dessas forças cabe a nós mesmos.

A balança — asseveram as Entidades que ditaram a Codificação — é o próprio homem, legítimo construtor do seu progresso, da sua felicidade, da sua iluminação.

A oração e o trabalho, a fé e o estudo sério, o amor fraterno e a constância nas deliberações nobres, que induzam à renovação, são os recursos que garantem a presença e o êxito dos benfeitores da intercessão.

O amor, sobretudo, que serve e passa, ajuda e constrói, compreende e perdoa, é o grande e infalível recurso de que disporemos em nossas redentoras lutas, eis que, "brilhando por luz de Deus, ainda mesmo nas regiões em que a escuridade aparentemente domina, o amor regenera e aprimora sempre", conforme acentua Emmanuel.

24
PERDÃO

P. — Poderemos utilmente pedir a Deus que perdoe as nossas faltas?

R. — Deus sabe discernir o bem do mal; a prece não esconde as faltas. Aquele que a Deus pede perdão de suas faltas só o obtém mudando de proceder. As boas ações são a melhor prece, por isso que os atos valem mais que as palavras.

(Item 661.)

A concessão paternal de Deus, no que se refere à reencarnação para a sagrada oportunidade de uma nova experiência, já significa, em si, o perdão ou a magnanimidade da Lei.

EMMANUEL

Em resposta a Pedro, o velho pescador galileu, informa o Divino Amigo que devemos perdoar não sete vezes mas até setenta vezes sete.

Em outra oportunidade, aconselha conciliação com o adversário "enquanto estivermos a caminho com ele", isto é, enquanto estivermos reencarnados.

O perdão no conceito das religiões não reencarnacionistas, significa "apagar faltas".

Limpar a alma do pecado, ou seja, do mal praticado.

Eximir de responsabilidade.

Nos termos do perdão teológico, aquele que ofendeu alguém e recebe absolvições humanas, fica com a estrada livre para novos desatinos.

Há, como se vê, nesse tipo de perdão, visível estímulo a novos erros, novos enganos, novas ilusões.

O homem sente-se, inevitavelmente, estimulado a novas quedas, novas reincidências, com fatais prejuízos ao processo evolutivo, que se retarda, no tempo.

A conceituação doutrinária do Espiritismo, acerca do tema "perdão" é bem outra.

Muito diversa, menos fácil, porém, inegavelmente, mais sensata, mais lógica.

O perdão, segundo a Doutrina Espírita, não alarga as portas do erro; pelo contrário, restringe-as, sobremaneira, por apontar responsabilidades para quem estima a leviandade e a injúria, a crueldade e o desapreço à integridade, moral ou física, dos companheiros de luta, na paisagem terrestre.

De acordo com os preceitos espíritas, não há perdão sem reparação consequente, embora os próprios instrutores de Mais Alto lembrem a palavra evangélica, que nos incentiva à integração com o Bem, no apostolado da fraternidade, através do ensinamento "o amor cobre a multidão dos pecados", que representa a única força "que anula as exigências da lei de talião, dentro do Universo Infinito" (Emmanuel).

O perdão que o Espiritismo e os amigos espirituais preconizam em verdade não é de fácil execução.

Requer muito boa vontade.

Demanda esforço — esforço continuado, persistente.

Reclama perseverança.

Pede tenacidade.

É bem diferente do perdão teológico, que deve ter tido, em algum tempo, sua utilidade.

Não se veste de roupagem fantasiosa, não se emoldura de expressões simplesmente verbais.

Os postulados espíritas indicam-no por concessão de nova ou novas oportunidades de resgate e reparação dos erros praticados e dos males que deles resultaram.

Elevados Mensageiros do Pai, respondendo ao mestre lionês, afirmaram que "o arrependimento concorre para a melhoria do Espírito, mas ele tem que expiar o seu passado".

Emmanuel assevera, desenvolvendo a tese doutrinária, que "a concessão paternal de Deus, no que se refere à reencarnação para a sagrada oportunidade de uma nova experiência, já significa, em si, o perdão ou a magnanimidade da Lei" (*O Consolador*).

André Luiz esclarece que Deus "não castiga e nem perdoa, mas o ser consciente profere para si as sentenças de absolvição ou culpa ante as Leis Divinas" (*O Espírito da Verdade*).

Para a alma realmente interessada no perdão que não seja, apenas, um enunciado verbal, sem repercussões íntimas nas fontes augustas do sentimento, o ato de perdoar significa alguma coisa de grandioso e sublime, por isso mesmo difícil de executar.

Não se constitui da vã afirmativa: "eu perdoo", permanecendo o coração fechado a qualquer entendimento conciliador e a mente cristalizada nas vibrações menos fraternas.

Não há perdão real, legítimo, definitivo, evangélico, doutrinário, quando o ofendido não se inclina a ajudar o ofensor, a servi-lo cristãmente, a socorrê-lo nas necessidades de qualquer natureza, se preciso.

As verdadeiras características do perdão com Jesus, apregoadas pelo Espiritismo, são, realmente, singulares e difíceis:

— esquecimento do mal recebido;

— não nos regozijarmos com os insucessos do ofensor;

— auxiliarmos, discretamente, sempre que possível, o adversário;

— usarmos a delicadeza sincera no trato com os que nos magoaram o coração ou feriram a sensibilidade;

— vibrarmos, fraternalmente, em favor dos que nos desestimam.

Como se observa, perdoar, segundo o Espiritismo, não é problema a resolver por meio de afirmativas apressadas, sem vivência interior.

O maior beneficiário do perdão não é, como parece, aquele que o recebe, mas o que o concede.

Perdão

O que é perdoado se reconforta, se reanima.

O que perdoa, sinceramente, recolhe, dos Céus, as mais profusas bênçãos — bênçãos que nenhum tesouro do mundo pode substituir ou suplantar, tais como:

— conservação da paz interior;

— preservação da saúde;

— alegria de transformar o adversário em amigo, pelo reconhecimento que o perdão desperta e suscita;

— exercitação, cultivo dos mais belos sentimentos da alma humana, tais sejam, por exemplo, a humildade, o altruísmo, a nobreza moral.

Quem não perdoa permanece ligado ao adversário, encarnado ou desencarnado, pelas faixas escuras do pensamento hostil.

Quem não perdoa, insistindo na mágoa raivosa, permite se estabeleça, entre a sua e a mente do adversário, uma ponte magnética, através da qual circulam, em regime de vaivém, de idas e voltas consecutivas, as vibrações do ódio e da vingança.

Quem perdoa liberta o coração para as mais sublimes manifestações do amor que eleva e santifica.

"A alma que não perdoa, retendo o mal consigo, assemelha-se a um vaso cheio de lama e fel."

"Jesus aconselhava-nos a perdoar infinitamente, para que o amor seja em nosso Espírito como Sol brilhando em casa limpa."

Maravilhosos conceitos, extraídos das obras de André Luiz!

Aquele que perdoa dissolve, ainda hoje, e aqui mesmo, os antagonismos, nas águas puras e doces da compreensão.

Quem não perdoa transfere para amanhã, noutras existências, em qualquer parte do Universo ilimitado, os dolorosos reajustes, que bem se poderiam extinguir na presente reencarnação.

Aquele que perdoa transpõe os pórticos da Espiritualidade, na morte do corpo físico, com a paz na consciência, a luz no Espírito, o consolo no coração.

Quem não perdoa carrega consigo, no mundo extracorpóreo, a sombra e o remorso.

25
Eficácia da prece

P. — Podem as preces, que por nós mesmos fizermos, mudar a natureza das nossas provas e desviar-lhes o curso?

R. — As vossas provas estão nas mãos de Deus e algumas há que têm de ser suportadas até ao fim; mas Deus sempre leva em conta a resignação. A prece traz para junto de vós os bons Espíritos e, dando-vos estes a força de suportá-las corajosamente, menos rudes elas vos parecem...
(Item 663.)

A oração não suprime, de imediato, os quadros da provação, mas renova-nos o espírito, a fim de que venhamos a sublimá-los ou removê-los.

EMMANUEL

Toda prece constitui, em essência, um "ato de adoração", assim o disseram, na Codificação, as sublimes entidades.

Nela — estejamos no louvor, no pedido ou no agradecimento — posta-se a alma humana, em genuflexão interior, ante a Majestade divina.

O conhecimento espírita vai, a pouco e pouco, corrigindo distorções e arcaísmos, no que diz respeito ao entendimento da prece, seus objetivos e consequências.

Por ela, ligamo-nos a Deus pelo concurso das luminosas entidades que lhe representam a Sabedoria e o Amor, nos inumeráveis planos da vida.

Segundo o ensino doutrinário, podemos, na prece, realizar três atos fundamentais, que independem de lugar, tempo, idioma, duração e forma: louvar, pedir e agradecer.

Quando dizemos "Pai nosso, que estais no Céu, santificado seja o vosso nome", usando esta ou aquela forma verbal, nesta ou naquela atitude física, estamos, invariavelmente, louvando a Deus, sua Misericórdia e sua Justiça, porque ao Criador estamos elevando nosso pensamento respeitoso e agradecido, confiante e sincero.

A prece outra coisa não é senão uma conversa que entretemos com Deus, nosso Pai; com Jesus, nosso Mestre e Senhor; com nossos amigos espirituais.

É diálogo silencioso, humilde, contrito, revestido de unção e fervor, em que o filho, pequenino e imperfeito, fala com o Pai, poderoso e bom, perfeição das perfeições.

Quando o espírita ora, sabe, por antecipação, que sua prece não opera modificações na Lei, que é imutável; altera-nos, contudo, o mundo íntimo, que se retempera, valorosamente, de modo a enfrentarmos com galhardia as provas, que se atenuam ao influxo da comunhão com o mundo espiritual superior.

Tem, assim, a prece o inefável dom de dar-nos forças para suportarmos lutas e problemas, internos e externos, de colocar-nos em posição de vencermos obstáculos que, antes, pareciam irremovíveis.

Um homem, ao subir uma montanha, sente-se vencido pelo cansaço, pelo suor, pela exaustão, pela fome; para, no entanto, um pouco, alguns minutos, à sombra generosa de uma árvore, e retoma, depois, já fortalecido, a caminhada interrompida.

A prece, como alimento espiritual, produz efeito semelhante.

Quando as turbilhonantes e agressivas provas do mundo nos ameacem a estabilidade espiritual, busquemos na prece a restauração de nossas energias, a fim de que refeitos, à maneira do homem da alegoria, prossigamos a caminhada.

Anotemos, a este respeito, a advertência de Emmanuel, o Benfeitor de todos nós:

"A oração não suprime, de imediato, os quadros da provação, mas renova-nos o espírito, a fim de que venhamos a sublimá-los ou removê-los".

É ainda do elevado Instrutor o seguinte conceito, perfeitamente ajustado ao pensamento da Codificação (*Religião dos Espíritos*, cap. 33):

> Quando a dor te entenebrece os horizontes da alma, subtraindo-te a serenidade e a alegria, tudo parece escuridão envolvente e derrota irremediável, induzindo-te ao desânimo

e insuflando-te o desespero; todavia, se acendes no coração leve flama da prece, fios imponderáveis de confiança ligam-te o ser à Providência Divina.

Não devemos pedir, na prece, bens materiais — valores transitórios que "a traça consome, a ferrugem destrói, o ladrão rouba".

Roguemos a Deus valores eternos que se incorporem à nossa individualidade imperecível, de modo a lutar, com denodo, nas diversas frentes de experimentação a que nos conduz o esforço evolutivo.

A verdadeira prece não deve ser recitada, mas sentida.

Não deve ser cômodo processo de movimentação de lábios, emoldurado, muita vez, por belas palavras, mas uma expressão de sentimento vivo, real, a fim de que realizemos legítima comunhão com a Espiritualidade maior.

Os Espíritos nos advertem, abrindo perspectivas ao nosso entendimento:

"A adoração verdadeira é do coração."

Valoriza-se, dizemos nós, pela sinceridade com que é feita, e por constituir "um bom exemplo".

São categóricas as Entidades Espirituais:

"Declaro-vos" — dirigindo-se a Allan Kardec — "que somente nos lábios e não na alma tem a religião aquele que professa adorar o Cristo, mas é orgulhoso, invejoso e ocioso, duro e implacável para com outrem, ou ambicioso dos bens deste mundo."

A forma como adorar a Deus é problema secundário, tal como ocorre com o aspecto idiomático.

Em português, francês, italiano, castelhano ou japonês, o que prevalece é a linguagem do coração. Equivale dizer: a linguagem do sentimento, a profunda manifestação da alma.

Orar em secreto, no recesso do lar, é prática recomendada pelo Cristo, contrapondo-se à oração farisaica, proferida com a intenção de que seja o ato observado por terceiros.

Com a prece em conjunto, representando autêntica comunhão de propósitos, "mais forças têm os homens para atrair a si os bons Espíritos".

À medida que o homem vai evoluindo, ora mais pelos semelhantes do que por si mesmo.

Pensa muito mais nas necessidades alheias do que nos próprios interesses, embora reconheça suas necessidades e para elas rogue sempre o amparo divino.

A prece por outrem dilata a capacidade de amar e servir, com a consequente redução dos impulsos egoísticos que tão alto ressoam em nosso mundo interno.

Encarnados e desencarnados devem ser objeto de nossas orações, uma vez que, sendo fonte de energias, alcançam aqueles para os quais estamos polarizando nossas vibrações, por meio de súplicas humildes, mas fervorosas e sinceras.

Podemos, assim, beneficiar pelas preces almas que se encontram em regiões de sofrimento, ou em organizações de reajuste, no plano espiritual.

Preces individuais, inclusive no recesso de nossos lares. Preces em conjunto, via de regra, em nossas casas de fé.

As vibrações da prece levam-lhes conforto; reanimam-nas, pela certeza de que estão sendo lembradas, uma vez que nossas imagens e sentimentos repercutem em suas individualidades.

A bênção do amor de Deus chega até nós outros, caminheiros da sombra, pela prece, que, além de nos fortalecer o coração, amplia nossa visão espiritual com relação aos problemas do mundo, dos homens, da sociedade e das provas remissivas com que a justiça equânime nos reconduz ao Pai, pelas luminosas vias do progresso e da felicidade.

E por chave de ouro, caríssimos leitores, encerremos este capítulo com o sábio pensamento de Emmanuel (*O Consolador*, item 245):

> A prece não poderá afastar os dissabores e as lições proveitosas da amargura, constantes do mapa de serviços que cada Espírito deve prestar na sua tarefa terrena, mas deve ser cultivada no íntimo, como a luz que se acende para o caminho tenebroso, ou mantida no coração como o alimento indispensável que se prepara, de modo a satisfazer à necessidade própria, na jornada longa e difícil, porquanto a oração sincera estabelece a vigilância e constitui o maior fator de resistência moral, no centro das provações mais escabrosas e mais rudes.

26
A LEGENDA SUBLIME

P. — A necessidade do trabalho é Lei da Natureza?

R. — O trabalho é Lei da Natureza, por isso mesmo que constitui uma necessidade, e a civilização obriga o homem a trabalhar mais, porque lhe aumenta as necessidades e os gozos.

(Item 674.)

A cada momento, o Criador concede a todas as criaturas a bênção do trabalho, como serviço edificante, para que aprendam a criar o bem que lhes cria luminoso caminho para a glória na Criação.

EMMANUEL

Trabalho, Solidariedade, Tolerância...

A legenda sublime de Allan Kardec, que Emmanuel, André Luiz e outros benfeitores têm desdobrado em sucessivos e maravilhosos ensinos, a enriquecerem-lhe as manifestações, tornando ainda mais claro e convincente o seu divino conteúdo, tem a mesma riqueza e opulência de todos os conceitos do missionário lionês.

Já se disse que o trabalho é uma das mais extraordinárias e eficazes formas de oração, não havendo, sobre isto, a mais leve dúvida para quem possua um mínimo de vivência, em função das lutas e experimentações humanas.

Os benefícios do trabalho não são, apenas, de ordem física, por elemento mantenedor do equilíbrio orgânico, em virtude dos músculos que se adestram e da incessante renovação celular, mas, igualmente, e com importância equivalente ou maior, de ordem espiritual, psíquica, intelectual, ou moral.

Pelo trabalho, seja ele humilde, socialmente inexpressivo ou de relevo, segundo os padrões do mundo — ele, que é sempre, e invariavelmente, um recurso do Pai para dignificar o gênero humano — assegura à criatura encarnada, sujeita aos embates terrenos, a própria sobrevivência, para que não dependa, ociosamente, de outrem, ressalvados, obviamente, os casos de invalidez, ou de velhice desamparada.

Com o trabalho, provê o homem suas necessidades, no que diz respeito ao alimento e ao vestuário, à instrução e ao bem-estar, compreensível aspiração das inteligências encarnadas.

Com ele, afirma-se o indivíduo na sociedade por elemento digno e honrado.

Sob o ponto de vista intelectual, o trabalho estimula a aquisição de valores culturais e morais, na esfera da aprendizagem profissional, escolar ou acadêmica, bem como a obtenção de atributos morais que incorporam ao ser humano virtudes cristãs que o elevarão à glória do aperfeiçoamento e ao pináculo da luz.

Atividades materiais, conjugadas ao serviço espiritual, em favor do bem, garantem o equilíbrio psicofísico indispensável a uma existência nobilitante, a se revelar por seu conteúdo sadio.

Somos, na Terra, irreversível binômio — Alma-corpo —, a compelir-nos à luta, ao progresso e à evolução.

Os Espíritos, falando ao insigne Codificador, acentuam, sabiamente, que "o Espírito trabalha, assim como o corpo. Toda ocupação útil é trabalho", esclarecendo, ainda, que o trabalho se impõe ao homem "por ser uma consequência da sua natureza corpórea".

Ventilando assunto de indiscutível relevância social, a Doutrina dos Espíritos coopera, junto aos que administram e dirigem, no sentido de torná-los mais generosos e justos, não exigindo, daqueles que atuam na subalternidade honrada, além do que lhes permitem as forças físicas.

O depositário de bens terrenos, tão perecíveis quanto o próprio arcabouço corpóreo que reveste a alma imortal, será mais cauteloso na arte de superintender e conduzir homens, eis que, a pouco e pouco, conscientizar-se-á da responsabilidade que lhe marcará o destino, segundo os princípios de Causa e Efeito, se exigir do servidor tempo, capacidade, adestramento e energias que transcendam as suas possibilidades mentais, ou orgânicas.

Quando Kardec interpelou os Espíritos, a respeito do "limite do trabalho", foram eles incisivos na resposta, em perfeita harmonia com as normas evangélicas: "o das forças".

Esclarece Emmanuel, em admirável complementação ao pensamento da Codificação espírita, que, "a cada momento, o Criador concede a todas as criaturas a bênção do trabalho, como serviço edificante, para que aprendam a criar o bem que lhes cria luminoso caminho para a glória na Criação".

Trabalhar, por conseguinte, não é, em absoluto, rotineira execução de tarefas manuais ou intelectuais, condicionadas a determinado número de horas, especificadas no relógio de ponto.

O trabalho é alguma coisa mais importante e influente no progresso espiritual.

É darmos algo de nós, em favor de outrem, em forma de solidariedade e criação, porque o trabalho que não cria, nem opera renovações, é insulamento, a nos confinar nos estreitos limites do egoísmo esterilizante.

A solidariedade, no trabalho, entre outros fatores maravilhosos, a embelezar a vida, é permuta de experiências — culturais, morais e intelectuais.

Solidariedade é, sobretudo, dação de tesouros espirituais, que não sofrem, jamais, a destruidora ação do tempo.

Quem trabalha visando a solidariedade, ajuda e é ajudado.

Constrói preciosas amizades não só no plano físico, onde se desenvolve nossa atividade profissional, mas, também, na órbita augusta da Espiritualidade — nosso rumo, nossa meta —, na qual encontraremos as mesmas personagens que nos compuseram os quadros da vida terrena, na consanguinidade reajustadora ou no conhecimento eventual, bem assim outras que não conhecêramos antes, tal como acontece aqui, na Terra, onde, a cada instante, formamos amizades, edificamos simpatias ou provocamos ressentimentos, ou, ainda, o que é pior, engendramos hostilidades profundas, segundo o nosso comportamento.

Quem duvidar da importância da solidariedade, uma das peças do tripé kardequiano, experimente viver solitário, antissolidariamente, e colherá, mais cedo do que imagina, os amargos frutos do isolamento, do egocentrismo, de acordo com os imperativos, realmente inalienáveis, da recíproca da lei.

"Felicidade sozinha será, decerto, egoísmo consagrado. Toda vez que dividimos a própria felicidade com os outros, a felicidade dos outros, devidamente aumentada, retorna dos outros ao nosso coração, multiplicando a felicidade verdadeira dentro de nós." O ensino é de Emmanuel.

Há uma sequência, um encadeamento na legenda admirável.

Com o trabalho, exaltamos a solidariedade, acendemos a luz da tolerância.

Quando a tolerância marca sua luminosa presença no trabalho, por instrumento de fraternidade, a solidariedade se afirma, substancial e exuberantemente, em sua multiforme expressão de nobreza.

O trabalho aglutina. Revela. Dinamiza. Explode potencialidades internas.

A solidariedade cria recursos para o rendimento e a produção.

Com a tolerância, há paz, sossego, entendimento, perdão, cristianismo, porque tolerância, em boa e autêntica sinonímia, é Amor com inicial bem maiúscula.

Pela tolerância, que se não confunde com sentimentalismo piegas, respeitaremos a crença alheia, entenderemos a realidade íntima de cada companheiro de jornada.

Com ela, glorificaremos, em todo o seu justo esplendor, o culto à liberdade de pensamento e de expressão daqueles que, na movimentada carruagem das experiências diuturnas, no campo da Filosofia e da Religião, da Literatura e da Arte, viajam, conosco, no glorioso rumo da luz.

Entendendo nossos irmãos de caminhada, quanto precisamos e desejamos nos entendam eles, dentro do princípio doutrinário de que cada um "recebe da Verdade a parcela que pode reter", exemplificaremos a tolerância construtiva, que se não mescla com a conivência dolosa, interesseira.

O "não julgueis, para não serdes julgados" e o "atire a primeira pedra aquele que estiver sem pecado", do Mestre inolvidável, são os fundamentos da tolerância que ajuda e favorece as relações entre os indivíduos.

A compreensão das fraquezas alheias e dos erros do próximo, via de regra iguais aos nossos, é recurso vital para que o progresso se faça, na vida de todos nós, sem coações, nem exigências, nem impositivos que não sejam os da própria consciência, despertando para a luz; e do nosso coração, acordando para o amor.

"O homem tem que progredir. Insulado, não lhe é possível, por não dispor de todas as faculdades." Assim falaram os Espíritos, em 1857, na Codificação de Allan Kardec.

"Espiritualidade superior não se compadece com insulamento. Se o trabalho é a escola das almas, na esfera da evolução, o contato social é a pedra de toque, a definir-lhes o grau de aproveitamento." Assim nos diz Emmanuel, em nossos dias, na literatura mediúnica de Francisco Cândido Xavier...

27
CASAMENTO E SEXO

P. — Será contrário à Lei da Natureza o casamento, isto é, a união permanente de dois seres?
R. — É um progresso na marcha da Humanidade.

(Item 695.)

> O casamento ou a união permanente de dois seres, como é óbvio, implica o regime de vivência pelo qual duas criaturas se confiam uma à outra, no campo da assistência mútua.
>
> EMMANUEL

Allan Kardec suscitou o problema.

Os Espíritos deram-lhe, na época, adequada resposta.

Emmanuel, em nossos dias, disserta com segurança sobre o problema, atualizando conceitos.

Casamento é compromisso, e compromisso gera, evidentemente, responsabilidade.

Pelo reencontro de almas, que se endividaram entre si, casamento é, sobretudo, ensejo de reabilitação e progresso.

No matrimônio autêntico, em que predominem, essencialmente, princípios de afinidade superior, unem-se, em geral, ideais e sentimentos, sobrevindo, por lógica decorrência, a união dos corpos.

A destinação da esmagadora maioria dos seres humanos há de ser, sem dúvida, o casamento, a união permanente, pela qual "duas criaturas se confiam uma à outra, no campo da assistência mútua", conforme definição de Emmanuel em *Vida e sexo*.

As páginas de Emmanuel e André Luiz, queridos Benfeitores de todos nós, têm-nos fornecido valiosos conhecimentos em torno do binômio "casamento-sexo".

O estudo do casamento relaciona-se, sem dúvida, com a análise do sexo. Impossível será dissociá-los, seja qual seja o ângulo a examinar, num e noutro, pois casamento e sexo interligam-se de maneira inelutável.

O instrutor Alexandre, em *Missionários da Luz*, livro ditado por André Luiz, adverte-nos de que "o uso respeitável dos patrimônios da vida" constitui, na problemática do casamento, "programa de elevação".

Os impulsos biológicos, que determinam manifestações de natureza especificamente sexuais, são criação de Deus, nosso Pai.

Abençoada criação, fruto de leis sábias e justas, que o homem não desconsiderará impunemente, tendo em vista a sublimidade de seus objetivos, uma vez que as reencarnações, sejam missionárias ou provacionais, realizam-se, na Terra, graças, exclusivamente, às permutas afetivas, no campo do entendimento sexual.

Impossível seria em nosso mundo, é bem de ver, a corporificação dos Espíritos, para os esforços evolutivos, sem a realidade do encontro entre dois seres de sexos opostos, eis que, pela combinação dos recursos genéticos, masculinos e femininos, é que se organizam, no plano terrestre, as formas físicas.

Emmanuel, no livro *Pão Nosso*, recorda-nos, em frase que mais parece um poema do céu, que "o sexo fez o lar e criou o nome de mãe".

Considerando, pois, os fundamentos, as manifestações e os objetivos do sexo, realmente sagrados em face de Deus, da Vida, do Homem e da Consciência, conclui-se que o casamento se impõe por elemento de equilíbrio moral da sociedade, para que se evitem deslizes e excessos que se refletirão, inevitavelmente, no destino dos seres, segundo as Leis de Causa e Efeito, que definem responsabilidades e cominam reparações.

"Mas" — assevera o Codificador — "na união dos sexos, a par da Lei Divina material, comum a todos os seres vivos, há outra Lei Divina, imutável como todas as Leis de Deus, exclusivamente moral: a lei do amor."

No plano físico, onde somos chamados a evolutir, a união dos corpos é, naturalmente, o único recurso para que se efetivem os renascimentos, cabendo a nós outros, apenas, atentarmos para a notável advertência de Emmanuel, em *O Consolador*, de que, "em vez da educação sexual, pela satisfação dos instintos, é imprescindível que os homens eduquem sua alma para a compreensão sagrada do sexo".

Sem a permuta sexual, a reencarnação seria impossível.

O comparecimento de almas nobilitadas, na paisagem terrestre, para as grandes realizações da cultura e do sentimento, depende, obviamente, do processo reencarnatório.

O reingresso de almas medianamente evolvidas, nas correntes da vida física, também depende da reencarnação.

Espíritos infernizados no ódio e na crueldade encontram na bênção do recomeço a grande oportunidade de, no cadinho purificador do sofrimento, redimirem-se do pretérito.

Só há vida humana, em nosso orbe, porque existe a reencarnação. E a reencarnação existe, em última análise, porque vigem as uniões físicas, que modelam as formas — templos nos quais habitam, transitoriamente, as almas.

Lembra, ainda, nosso admirável Emmanuel, que a união permanente de dois seres "reflete as Leis Divinas", em seu contexto de perfeição e sabedoria, o que dá a tais uniões sentido de grandeza e respeitabilidade.

A Doutrina dos Espíritos, com Allan Kardec, seu eminente Codificador, fornece aos casais meios para que o problema sexual lhes não seja indução à queda moral.

O mestre lionês valoriza o casamento que, para ele, "constitui um dos primeiros atos de progresso nas sociedades humanas, porque estabelece a solidariedade fraterna e se observa entre todos os povos, se bem que em condições diversas. A abolição do casamento seria, pois, regredir à infância da Humanidade e colocaria o homem abaixo mesmo de certos animais que lhe dão o exemplo de uniões constantes".

O pensamento de Jesus Cristo, magistralmente interpretado por Emmanuel e por ele ajustado às necessidades hodiernas, dá aos casais de nossos dias, que se podem abeberar, venturosamente, nas fontes de luz do Espiritismo, recursos para que o problema sexual lhes seja de cogitação secundária, com prevalência, nas uniões esponsalícias, dos imperativos do carinho e da bondade, da compreensão e do amparo, do respeito e da permuta afetiva, em bases de edificação.

Casais que orientam a vida conjugal, no que toca à coexistência íntima, segundo os padrões do amor que ultrapassa as fronteiras do interesse corporal, que se põe acima do desejo e da posse, exercitam, no dia a dia de santificantes renúncias, valores eternos que engrandecem corações em trânsito para o Supremo Bem.

Espiritismo e Evangelho contribuem, assim, de maneira inigualável, para que os alicerces do instituto do matrimônio se consolidem na esfera terrestre e se prolonguem nos planos espirituais, por ensinarem que as ligações humanas respeitáveis objetivam, em princípio, redimir almas.

Jesus e Kardec oferecem aos lares do mundo expressões de paciência e humildade, ternura e esclarecimento, capazes de, no clima do dever bem cumprido, muita vez ao preço de renovados sacrifícios, fortalecerem os compromissos do matrimônio.

Se todos os seres que se consorciam na Terra tivessem a vivência preconizada por Emmanuel, quando assegura que, no futuro, "as ligações afetivas obedecerão a princípios de afinidade inelutável" — tudo estaria muito bem.

Acontece, no entanto, que a grande maioria dos matrimônios terrenos caracteriza-se pela feição eminentemente reajustadora, comprovando, de maneira insofismável, a condição da Terra, de orbe expiatório e provacional.

Almas que se desavieram, ou se acumpliciaram no passado, em eventos infelizes, reúnem-se, na atualidade, pelos vínculos do casamento, necessitadas da tolerância mútua.

Kardec e Emmanuel, sob o pálio abençoado do Cristianismo redivivo, ajudam, pelo esclarecimento nobre, essas almas a triunfarem, hoje ou amanhã, da prova redentora, descortinando-lhes as fecundas praias da harmonia e da felicidade.

28
Espiritismo e eutanásia

P. — É Lei da Natureza o instinto de conservação?
R. — Sem dúvida. Todos os seres vivos o possuem, qualquer que seja o grau de sua inteligência. Nuns, é puramente maquinal, raciocinado em outros.

(Item 702.)

Ante o catre da enfermidade mais insidiosa e mais dura, brilha o socorro da Infinita Bondade facilitando, a quem deve, a conquista da quitação.

Emmanuel

Nas tramas da existência humana, razões tenebrosas, como a ambição e o temor, a perversidade e o materialismo, bem assim outras de natureza passional, têm expulsado de milhares de corpos Espíritos que neles deveriam permanecer mais longo tempo.

Na meia-luz de alcovas sinistras, ocultos por cortinas de luxo em mansões suntuosas, corações em desequilíbrio têm ministrado a droga suave, de permeio com melífluas palavras, no afã da posse de vultosas heranças, minando, a pouco e pouco, organismos que a enfermidade vai combalindo e aproximando da sepultura.

O temor de que hediondos segredos possam vir a lume, responde, igualmente, por centenas de casos de eutanásia, impedindo, assim, comprometedoras revelações.

Na eliminação de adversários, em assuntos passionais, corações invigilantes ocasionam, por seu turno, processos eutanásicos.

O ódio e a vingança, em sombrio conúbio, têm cortado ao meio existências que floriam na esperança.

O simples e bem-intencionado desejo de beneficiar alguém que a enfermidade incurável vai tornando carga pesada a outrem, responde, sem dúvida, pelo maior número de homicídios eutanásicos.

A tese de que "os enfermos incuráveis, de corpo ou de espírito, deveriam ser eliminados em nome da sociedade, para que esta se aliviasse de um peso morto", enfeixando concepção puramente materialista, por conseguinte repulsiva, é, na opinião de Nélson Hungria, o grande nome da penologia brasileira, "o calculado sacrifício dos desgraçados em holocausto ao maior comodismo dos felizes".

O materialismo, não admitindo a existência da alma, erigiu o falso conceito, essencialmente egoísta, das chamadas "vidas inúteis", eliminando-as, friamente, por considerá-las onerosas à sociedade.

Podem chover argumentos em favor da eutanásia, o que não impede, à luz redentora do Espiritismo, sejam os seus responsáveis assassinos que a Justiça do mundo nem sempre pune, mas que a de Deus registra, identificando-os na contabilidade divina, com vistas a dolorosos resgates, em amargas expiações no futuro, atenuadas, ou agravadas, pela Lei, segundo as suas motivações.

A eutanásia, em suma, é sempre uma forma de homicídio, pelo qual os seus autores responderão no porvir, em grau compatível com as suas causas determinantes.

Quem pratica a eutanásia, por melhores sejam as intenções, inclusive piedosas, comete crime de lesa-natureza, à vista do instinto de conservação inerente às criaturas de Deus.

Os Espíritos foram muito claros, ao responderem aos quesitos formulados por Allan Kardec nessa admirável obra, que é *O Livro dos Espíritos*.

Emmanuel, o iluminado Mentor de Francisco Cândido Xavier, além do expressivo apontamento no pórtico deste capítulo, não deixa dúvidas, em nenhuma de suas mensagens, quanto à necessidade de que seja vivido o último instante dos seres encarnados: "Por isso mesmo, nas próprias moléstias reconhecidamente obscuras para a diagnose terrestre, fulgem lições cujo termo é preciso esperar, a fim de que o homem lhes não perca a essência divina".

Podemos avaliar a extensão da responsabilidade dos que executam a eutanásia, principalmente quando as razões se fundamentam no crime, no temor de revelações comprometedoras, em causas passionais, na perversidade e no atendimento a concepções oriundas de filosofias materialistas.

O espírita, na verdade, tem uma paisagem diferente, mais ampla, mais rica, para examinar o tema "eutanásia", pois conhece ele as consequências, morais e psíquicas, que atingem a quantos, por este ou aquele motivo, exterminam, antes do tempo previsto pelas Leis Divinas, a vida física dos seus irmãos de jornada terrena.

Sabemos nós, os espíritas, que a renovação espiritual, consequente ao arrependimento, pode vir no último instante.

Temos ciência, resultante do entendimento doutrinário-evangélico, de que a interrupção, pela eutanásia, de provas necessárias ao Espírito reencarnado prejudica-o, substancialmente.

Vige, especificamente, uma consequência geradora de sofrimento, se a vítima não possui acentuado gabarito evolutivo: a demora na ruptura dos laços perispiritais que prendem a alma ao envoltório carnal, ocasionando problemas no pós-morte.

Justo, no entanto, alinhemos outros efeitos, não menos desagradáveis.

Reabilitações penosas, em reencarnações de sofrimento, para os responsáveis pela eutanásia.

Processos de perturbação e obsessão, nos lares, produzidos pela revolta daqueles que a eutanásia assassinou.

Flagrante desrespeito às Leis da Vida, que preveem, para cada ser humano, determinada cota de vida corporal.

São consequências de ordem doutrinária, que o espírita não desconhece, porque facilmente dedutíveis de tudo quanto sobre o assunto disseram os Espíritos desde a primeira hora da Codificação de Luz, pronunciamentos que se complementam, em nossos dias, pelas lúcidas mensagens de abnegados mensageiros da Vida Superior, entre eles, de maneira especial, Emmanuel e André Luiz, graças à missionária mediunidade de Francisco Cândido Xavier.

Quando o enfermo abrevia, ele próprio, a desencarnação, quer promovendo-a ou consentindo que outrem o faça, demonstra "falta de resignação e de submissão à vontade do Criador".

Allan Kardec, buscando aclarar o problema, indagou dos benfeitores sublimados: "Quais, nesse caso, as consequências de tal ato?".

E eles responderam: "Uma expiação proporcionada, como sempre, à gravidade da falta, de acordo com as circunstâncias".

Emmanuel, além do primoroso conceito por nós colocado na abertura deste capítulo, realça a importância da continuidade da vida física, mesmo sob o guante dos maiores sofrimentos: "Quando te encontres diante de alguém que a morte parece nimbar de sombra, recorda que a vida prossegue, além da grande renovação...".

Lembra-nos, ainda, o bondoso Amigo Espiritual: "Não te creias autorizado a desferir o golpe supremo naqueles que a agonia emudece, a pretexto de consolação e amor, porque, muita vez, por trás dos olhos baços e das mãos desfalecentes que parecem deitar o último adeus, apenas repontam avisos e advertências para que o erro seja sustado ou para que a senda se reajuste amanhã".

Cuidar, quanto possível, de parentes e amigos que parecem se avizinhar da morte, na enfermidade misteriosa, é dever de todos nós que entendemos a existência física por divina concessão, para refazimento do destino, desta ou daquela maneira, inclusive na aflição da moléstia insidiosa, diante da qual os sacerdotes da medicina terrestre possam, eventualmente, ter cruzado os braços...

Recursos da cirurgia.

Providências clínicas.

Medicamento e consolação.

Solidariedade e conforto.

Tranquilidade e afeto, no silêncio caridoso...

Tudo isso são meios que o Pai concede e a misericórdia aconselha para que o irmão imobilizado no leito nos observe, reconfortado, a dedicação e o interesse, sem que permitamos pouse em nossa mente a trágica ideia de suprimir-lhe, com a eutanásia, o sagrado direito à vida.

A existência física é abençoado ensejo para a cura da alma, assegurando-nos, agora ou amanhã, a reabilitação e o crescimento para Deus, na compreensão e prática de suas Leis de Amor.

29
Influência espírita

P. — De que maneira pode o Espiritismo contribuir para o progresso?
R. — Destruindo o materialismo, que é uma das chagas da sociedade, ele faz que os homens compreendam onde se encontram seus verdadeiros interesses.

(Item 799.)

A permuta com os círculos de ação dos desencarnados compele a criatura a pensar com mais amplitude, dentro da vida.

EMMANUEL

Grandiosa e benéfica é a influência da Doutrina dos Espíritos no progresso da Humanidade, pelas claridades que espalha, pelas bênçãos que dissemina.

Com Jesus Cristo, Senhor e Mestre, há vinte séculos chegou à Terra a mensagem de amor destinada a redimi-la.

A obra do Espiritismo, que não infirma, em nenhuma das peças de sua estrutura doutrinária, a santa palavra do

Evangelho do Reino, complementa a Lei do Amor, explicando-a em espírito e verdade.

O que Jesus ensinou com o tempo sofreu, naturalmente, as interferências da ignorância e da má-fé, do obscurantismo e de subalternos interesses, as quais foram poluindo, a pouco e pouco, as fontes mais puras da Boa-Nova.

O Espiritismo, também chamado Terceira Revelação divina — eis que a Segunda foi o Cristianismo —, por sua feição eminentemente consoladora, destituído de fórmulas e rituais, restaurou, falando claro, as verdades cristãs, derramando no coração da Humanidade o perfume das mais santas esperanças.

Os deserdados, os que sofrem recebem-lhe, em catadupas, a mensagem confortadora, numa afirmação do preceito evangélico de que bem-aventurados e consolados seriam os aflitos.

Como há de alguém sentir-se ditoso, resignar-se com a dor, se não sabe por que sofre?

A Doutrina dos Espíritos mostra a causa dos sofrimentos, situada, via de regra, em existências passadas.

Fala sobre a destinação da Terra.

Explica a finalidade do sofrimento — crise salutar que produz a cura espiritual, assegurando a felicidade.

Compreendendo que merecemos sofrer, encontramos consolação na certeza da justiça do sofrimento reparador. Assim como o obreiro aceita o trabalho porque lhe garante o salário, o espírita aceita o sofrimento porque lhe garante a vitória no Mais Além.

O Espiritismo incute a fé no futuro — fé inabalável, capaz de enfrentar a razão face a face "em todas as épocas da Humanidade".

Os sofrimentos do mundo nada representam ante o esplêndido horizonte que a Doutrina Espírita descortina à visão de todos nós.

O espírita trabalha, estuda e serve com vistas ao futuro.

Entende o imperativo de, pelo amor, construir os fundamentos de um mundo feliz, que será morada sua e de todos os seres — concepção que o faz reconhecer-se por humilde auxiliar do Cristo, na obra de redenção da Humanidade.

Um ato bom, uma palavra edificante, um ensino elevado, uma criação superior, emergindo da mente individual, representam sementes lançadas à Terra, para que frutifiquem mais tarde.

Assim, é o espírita inevitavelmente conduzido a uma ideia universalista, extrafronteiras terrestres, de solidariedade e amor — jamais a um pensamento estreito, limitado, egoísta, em que seja ele — somente ele! — o centro dos interesses e aspirações.

O Espiritismo é antiegoístico, pelo sentido cósmico de sua filosofia.

Alheando-se a quaisquer preocupações de ordem política e econômica, sua missão transcende o entendimento comum: trabalha na intimidade do ser humano, para que se torne ele bom e simples, culto e honrado, atributos que definirão a Humanidade do amanhã, quando todos os homens serão operosos e honrados, humildes e cultos.

Sua posição de Consolador Prometido, segundo a referência de Jesus, dá-lhe condições para ajudar o progresso da sociedade, por orientar o homem quanto à verdadeira causa dos sofrimentos — situada, de modo geral, nas vidas pretéritas.

Esclarece a destinação da Terra, como orbe regenerador.

Considera o sofrimento não por castigo divino, mas por abençoado ensejo de resgate dos próprios erros do indivíduo, nas experiências que se foram.

No Espiritismo — e pelo Espiritismo —, temos o conhecimento das coisas.

Sabemos de onde viemos. O que nos compete fazer, na atualidade de nossa reencarnação.

Diz-nos para onde iremos, após o desenfaixamento dos liames corporais.

Com a luz da Doutrina dos Espíritos, recusa, o homem, a condição de mestre, para aceitar, apenas, a de discípulo.

Aprende que Mestre há, apenas, um — JESUS CRISTO — que, segundo o famoso orador sacro padre Antônio Vieira, instituiu uma nova cadeira na grande universidade do mundo: "a ciência de ensinar o homem a ser bom e justo, santo, numa palavra".

Na filosofia do Espiritismo, não há interesses imediatistas, relacionados, exclusivamente, com os problemas do dia a dia.

O campo de ação da Doutrina Espírita, mercê do constante intercâmbio entre os dois mundos — o físico, ou corporal, e o espiritual, ou subjetivo —, projeta os interesses do homem medianamente esclarecido para o mundo da verdade, porque lá continua a vida, prolongam-se os problemas, prossegue o aprendizado, no enfileiramento das existências.

A sabedoria de Emmanuel recorda que "a permuta com os círculos de ação dos desencarnados compele a criatura a pensar com mais amplitude, dentro da vida".

Sendo o Espiritismo, nos tempos atuais, "a revivescência do Cristianismo, em seus fundamentos mais simples", consoante, ainda, o mesmo Benfeitor de Mais Alto — o seu papel, no progresso e na felicidade das criaturas, é por demais relevante.

Refletindo sobre os princípios de causa e efeito, que estabelecem indefectíveis reações cármicas, tendentes a depurar e melhorar o homem, coração e inteligência irmanam-se num só objetivo: tornar-nos, hoje, um pouco melhores do que ontem, e, amanhã, menos imperfeitos do que hoje.

O pensamento dos iluminados instrutores que ditaram a Codificação a Kardec tem, na mensagem renovadora de Emmanuel, necessária complementação.

Kardec e Emmanuel, tendo por denominador comum a personalidade incomparável do Divino Mestre.

30
ESPIRITISMO E RIQUEZA

P. — Será possível e já terá existido a igualdade absoluta das riquezas?
R. — Não; nem é possível. A isso se opõe a diversidade das faculdades e dos caracteres.

(Item 811.)

Dinheiro na estrutura social é comparável ao sangue no mundo orgânico: circulando garante a vida e, parando, acelera a morte.

EMMANUEL

Um dos temas de *O Evangelho segundo o Espiritismo* a revelá-lo por livro estuante de atualidade é aquele em que o Codificador eminente, em artigo de larga visão dos problemas socioeconômicos do mundo, focaliza a utilidade e aplicação da riqueza.

Allan Kardec examina a função do dinheiro no progresso do mundo, no desenvolvimento e na prática da caridade.

Os Benfeitores espirituais, em *O Livro dos Espíritos*, analisam, com segurança, o problema, mostrando as consequências do dinheiro, sempre em função do estado íntimo de quem o possua e movimente.

Emmanuel põe lampejos belíssimos sobre o assunto, complementando, com sabedoria e oportunidade, os conceitos de Kardec e das Entidades que ditaram a Codificação.

As opiniões do missionário lionês, emitidas em 1864, parecem da nossa época, especialmente com relação ao Brasil, nesta exuberante etapa do aproveitamento, real e efetivo, das potencialidades naturais do país, quando os responsáveis pelos destinos político-administrativos nacionais voltam suas atenções, com seriedade, para a imensa região norte-nordeste, incentivando atividades substanciais.

Os recursos que a nação, por meio de órgãos próprios, tem canalizado para aquela região, inspiradamente classificada como "o futuro pomar do mundo", pela fabulosa variedade de seus frutos saborosíssimos, fazendo com que aquela área — que sempre viveu empobrecida, como se a sua gente, reajustando o passado, segundo a Lei do Carma, suportasse aguda provação — desperte, agora, para o progresso e a prosperidade, para a esperança e a alegria, demonstram a atualidade das palavras do insigne missionário: "Se a riqueza somente males houvesse de produzir, Deus não a teria posto na Terra. *Compete ao homem fazê-la produzir o bem*".

Kardec situa, em lapidares conceitos, o homem em seu papel de colaborador de Deus: "Com efeito, o homem tem por missão trabalhar pela melhoria material do planeta. Cabe-lhe desobstruí-lo, saneá-lo, dispô-lo para receber um dia toda a população que a sua extensão comporta. Para alimentar essa população que cresce incessantemente, preciso se faz aumentar a produção".

Continua o Codificador: "Se a produção de um país é insuficiente, será necessário buscá-la fora. Por isso mesmo as relações entre os povos constituem uma necessidade. A fim de mais as facilitar, cumpre sejam destruídos os obstáculos materiais que os separam e tornadas mais rápidas as comunicações".

E com sua extraordinária presciência de missionário destinado, realmente, a influenciar, por sua obra, na aproximação dos seres, ressalta Kardec: "Sendo a riqueza o meio primordial de execução, sem ela, não mais grandes trabalhos, nem atividade, nem estimulante, nem pesquisas. Com razão, pois, é a riqueza considerada elemento de progresso".

O Espiritismo, esclarecendo o homem — célula viva da sociedade —, tende a torná-lo melhor. Bom. Caridoso. Digno. Honesto. Solidário com o próximo.

Dissipa-lhe, nos redutos anímicos, a sombra do egoísmo, substituindo-o pela luz da fraternidade.

Converte-o em elemento atuante, de excepcional valia para o progresso moral, intelectual e econômico não só do país que o recebe como de todas as nações do globo.

Um dos principais aspectos da missão da Doutrina Espírita, que se vai realizando, invariavelmente, etapa por etapa, no tempo adequado, quando os ideais de altruísmo preconizados por Jesus vão se instalando no coração humano, é o de aproximar as criaturas, geográfica e sentimentalmente.

Quando os homens entenderem a mensagem espírita cristã, passando a viver, a respirar em clima de confiança e solidariedade, pela certeza de que os vínculos do amor os ligam, desaparecerão as barreiras que os separam.

O Espiritismo é silencioso operário, que atua nos subterrâneos da alma humana, fazendo com que as transformações, surgindo de dentro para fora, sejam quase imperceptíveis.

Antigamente, as famosas muralhas chinesas, estupendas fortificações de pedra a isolarem cidades, convertendo-as em legítimas praças de guerra, testemunhavam a desconfiança e a crueldade, a incultura e o medo, o obscurantismo e a guerra.

Avançando no tempo, encontramos, séculos depois, marcos de pedra, ou simples riachos, poéticas manifestações da Natureza, no encantador lirismo do marulho das águas, simbolizando fronteiras.

Em nossos dias, pelas pontes da amizade, ligando países vizinhos, reciprocam-se as populações, no incremento das relações sociais, culturais e comerciais, com benéficos resultados para todos.

É a divina música da compreensão fraterna cantando, em surdina, nos corações, enviando os seus primeiros acordes à Humanidade contemporânea, atendendo, assim, ao apelo de Jesus nos vales, montes e lagos da Palestina.

Observando o que se passa em nossos dias, em função do progresso, da melhoria das relações humanas e da efetiva e cristã aplicação da riqueza, nosso pensamento volta-se para os tesouros do Espiritismo, sentindo, então, como foi grande Allan Kardec.

E majestosa, a obra da Codificação espírita.

E admirável o trabalho das Sublimes Entidades que a ditaram ao valoroso missionário no curto espaço de quinze anos — de 1854, data do seu primeiro contato com os fenômenos mediúnicos, a convite do magnetizador Fortier, até 31 de março de 1869, quando a ruptura de um aneurisma ceifou-lhe, em plena atividade, a vida física.

O pensamento do mestre, em 1864, quando editou *O Evangelho segundo o Espiritismo*, concorda com o de Emmanuel, na atualidade: "Contempla o dinheiro, pensando no suor e no sangue, na vigília de todos que choraram e sofreram para ganhá-lo e vê-lo-ás por servidor da felicidade e do aprimoramento do mundo, a rogar em silêncio para que lhe ensines a realizar o bem que lhe cabe fazer".

Prossegue, ainda, o sábio Instrutor em conceitos lapidares, belos na forma e no conteúdo: "A Divina Providência suscita amor ao coração do homem e o homem substancializa a caridade, metamorfoseando o dinheiro em pão que extingue a fome".

"A eterna Sabedoria inspira educação ao cérebro do homem e o homem ergue a escola, transfigurando o dinheiro em clarão espiritual que varre as trevas."

Afinal, conclui com segurança o ex-senador romano, respeitável figura da Espiritualidade maior: "Dinheiro na estrutura social é comparável ao sangue no mundo orgânico: circulando garante a vida e, parando, acelera a morte.

"Valores amoedados, sejam em metal ou papel, são sementes de realização e alegria; e observe-se que ninguém está impedido de multiplicá-las nas próprias mãos, por meio do trabalho honesto.

"É por isso que a Doutrina Espírita nos ensina a encontrar no dinheiro um agente valioso e neutro a pedir emprego e direção".

Da primeira à última página, em todas as suas mensagens, nas respostas dos Espíritos e nos pronunciamentos de Allan Kardec, emitidos com a sabedoria peculiar ao missionário autêntico, *O Evangelho segundo o Espiritismo* e *O Livro dos Espíritos* são livros atualíssimos. Atualidade, convém esclareçamos, que jamais passará, porque o conteúdo de ambos, fecundo e sublime, instrutivo e consolador, tem suas bases nas imperecíveis lições de nosso Senhor Jesus Cristo.

As especulações da Filosofia e as pesquisas da Ciência nunca deslocarão esses maravilhosos compêndios, de moral e de sabedoria, do honroso lugar que ocupam no coração e na inteligência dos homens — únicos panteões que se perpetuam no tempo e no Espaço.

Evangelho — livro do coração, sempre a enxugar lágrimas e a reanimar os viajores exaustos.

O Livro dos Espíritos — livro-roteiro, a alargar panoramas, a traçar edificantes normas no caminho de todos nós, almas encarnadas e desencarnadas desejosas de assimilar, no recesso do santuário íntimo, a moral espírita cristã.

31
Renovação e entendimento

P. — Será respeitável toda e qualquer crença, ainda quando notoriamente falsa?
R. — Toda crença é respeitável, quando sincera e conducente à prática do bem. Condenáveis são as crenças que conduzam ao mal.
(Item 838.)

Importa reconhecer que renovação e entendimento são cultiváveis no solo da alma, como acontece a qualquer vegetal nobre que não prescinde da cuidadosa atenção do agricultor.

EMMANUEL

Em complementação ao que asseveraram os Espíritos no século passado, quando organizavam, com Allan Kardec, a Codificação espírita, erguendo-lhe a estrutura filosófico--científico-religiosa, lembremos a observação de André Luiz, em nossos dias, de que se acham em perigo os irmãos "que pretendem transformar o próximo, de um dia para outro, a golpes verbais".

Realmente, não é fácil a prática, simples e pura, desvestida de qualquer roupagem simbólica, do Espiritismo.

Nem a completa transformação moral do homem de uma hora para outra.

No que toca ao problema da prática espírita, convém recordar que a grande maioria dos que se agregam às fileiras de luz da Doutrina dos Espíritos guarda distorções e vícios acumulados em longa vivência noutras confissões religiosas, mescladas de estranhas fórmulas.

No que diz respeito à transformação moral, de uma noite para o dia, não pode, igualmente, corrigir o homem imperfeições e hábitos sedimentados durante milênios de milênios.

Emmanuel, em harmonia com Allan Kardec e confirmando o pronunciamento de André Luiz, traz-nos, também, sua luminosa e respeitável opinião, advertindo que o ser humano recolhe e retém da verdade uma parcela que corresponde, invariavelmente, ao seu próprio entendimento.

Mente nenhuma renova-se a golpes de força. Mesmo o sofrimento, moral ou físico, doutrinariamente considerado elemento purificador da alma, trabalha, exaustivamente, na intimidade do ser, operando-lhe, em silêncio, a renovação espiritual.

Eis por que "importa reconhecer que renovação e entendimento são cultiváveis no solo da alma, como acontece a qualquer vegetal nobre que não prescinde da cuidadosa atenção do agricultor".

Aceitando essa tese, sábia e benevolente, tornar-nos-emos mais tolerantes, mais compreensivos, melhor ajudando os que lutam na retaguarda das conquistas edificantes.

Seremos mais caridosos para com aqueles que se não libertaram, ainda, de certas fraquezas, ou não superaram, embora o desejem, determinadas formas de práticas religiosas, uma vez que tal superação depende, essencialmente, do fator tempo, sustentado por uma vontade firme.

Nossos vícios religiosos, nossos hábitos pessoais vêm de longe, da noite fuliginosa dos milênios que se foram, assinalando experiências que se alicerçaram no fanatismo e na crueldade.

Da compreensão superior nasce, obviamente, o sentimento de integral respeito à sinceridade com que tais criaturas abraçam aquilo que lhes parece o caminho certo, aquilo que lhes repleta de esperanças o espírito.

As Entidades codificadoras, no trabalho com Allan Kardec, o incomparável missionário, foram claras a respeito deste assunto, declarando não ser lícito a ninguém escandalizar, com sua crença, um outro "que não pensa como ele", assegurando: "Isso é faltar com a caridade e atentar contra a liberdade de pensamento".

É natural que esta ou aquela crença perderá sua respeitabilidade se conducente ao mal, embora se deva descontar, em harmonia com a premissa destas considerações, o atraso mental, a obliteração cultural dos que a ela consagram seu tempo, sua atividade, seu idealismo, suas energias.

Aos espíritas, por conseguinte a todos nós, cabe, especialmente, difundir os princípios doutrinários, os preceitos evangélicos, as normas edificantes, para que, à maneira de abençoada chuva, fertilizem, com a luz do amor e o orvalho do esclarecimento, consciências que dormitam, ou, simplesmente, começam a despertar, atordoadas, para superiores programas de elevação.

Admitem os Espíritos, convém acentuar, possamos reprimir atos que causem perturbações à sociedade. "A crença íntima, no entanto, é inacessível", advertem eles.

O gesto de o espírita, ou qualquer outra pessoa simplesmente educada, tolerar, pela compreensão cristã, a crença de quantos viajam pelas estradas terrestres, integrando a numerosa e diversificada, moral e culturalmente, caravana dos Espíritos necessitados, é, além de simpático, profundamente humano.

Pudéssemos computar os benefícios que a difusão espírita, dentro e fora do Brasil, tem proporcionado a milhões de consciências indiferentes ou recalcitrantes, sofridas ou cruéis, verificaríamos, perplexos, o acerto dos Espíritos superiores no preconizarem a tolerância construtiva, acerto que muitos encarnados já incorporaram à própria vida no plano físico, aceitando-o por norma de ação evangelizadora.

Repletaríamos nossas almas das mais santas alegrias ante a paisagem de almas que se redimiram pela força do amor, que "cobre a multidão de pecados".

Nunca desanimaríamos, por mais reinem a incompreensão e o desajuste, por mais se acendam os estopins da intolerância, no abençoado esforço de tornar claros, pela expansão do bem e pela criteriosa divulgação evangélico-doutrinária, caminhos religiosos ou confusos atalhos trilhados por nossos companheiros de romagem evolutiva.

Aconselham os Espíritos a melhor forma de auxiliarmos os que cristalizaram mentes e consciências no mal: ensiná-los com amor e perseverança, servindo-nos "da brandura e da persuasão e não da força". E preceituam: "A convicção não se impõe".

Temos imenso campo a trabalhar.

Fabulosa lavoura espera a nossa iniciativa.

Há muita coisa a fazer, no que se relaciona com o bem.

O progresso, sob o inelutável impulso da lei, aguarda-nos o concurso.

Os ideais de fraternidade luminosamente exemplificados pelo Mestre dos mestres requisitam definitiva implantação junto à Humanidade.

Leiras enormes solicitam-nos adubo e semente.

Amparo à infância e à juventude, afeiçoando-lhes inteligências e corações aos princípios renovadores do Evangelho, revividos pela Doutrina dos Espíritos.

Ajuda aos necessitados do corpo, na administração do remédio, na doação do vestuário e do alimento, a fim de que materializemos, em nome da Terceira Revelação, as normas que assinalaram, nas cercanias de Jerusalém, com Pedro, Jeziel e outros, as santificantes atividades dos "homens do Caminho".

Serviços mediúnicos, em harmonia com a pureza da Codificação, em favor dos desequilibrados dos planos espiritual e material.

Explanações simples e convincentes, nas reuniões normais das nossas Casas de fé espírita, sobre temas doutrinários que se relacionem, sobretudo, com problemas comuns a todos nós, almas encarnadas em busca de redenção.

Culto do Evangelho na intimidade do lar, segundo a interpretação espírita, a fim de que plasme nas mentes infantis, desde cedo, os princípios do amor e da sabedoria, que lhes modelarão o caráter para as dolorosas porfias da existência.

Uma série infinita de tarefas, realizadas com alma e coração, em favor da imensa família humana de que fazemos parte, em trânsito para a luz, no entendimento maior.

32
Espiritismo e livre-arbítrio

P. — Tem o homem o livre-arbítrio de seus atos?
R. — Pois que tem a liberdade de pensar, tem igualmente a de obrar. Sem o livre-arbítrio, o homem seria máquina.

(Item 843.)

O assunto é, até certo ponto, complexo.

Todavia, admiráveis páginas de instrutores espirituais e de companheiros encarnados têm-lhe proporcionado fulgurantes interpretações, abrindo, assim, novos e mais amplos horizontes ao seu estudo, em função da Doutrina dos Espíritos.

Emmanuel, nosso grande Benfeitor, tem sido pródigo em conceitos altamente esclarecedores, com base no Evangelho e no Espiritismo.

Estudemo-lo, inicialmente, com base em renomados penólogos.

Segundo a Escola Clássica, o homem dotado de inteligência e livre-arbítrio é penalmente responsável, eis que:

a) tem a faculdade de analisar e discernir;
b) tem o poder de livre deliberação.

A sociedade tem, pois, o direito de punir, porque o criminoso tem vontade para delinquir.

De acordo com a Escola Antropológica, o homem age por força de funções somático-medulares, glandulares ou cerebrais.

Assim, *o crime não é resultado da livre vontade do delinquente, mas de fatores biológicos.*

Divergem, como vemos, as escolas precedentes.
A Escola Crítica, Eclética ou Sociológica diz:

a) o crime resulta não da livre vontade do delinquente, como querem os Clássicos,
b) nem da imposição de reflexos biológicos, herdados ou adquiridos, como querem os antropologistas, mas, exclusivamente, de *fatores sociais.*

O Espiritismo tem explicação própria. Tem conceitos essenciais que afinam, de alguma sorte, com as diversas escolas, indo, contudo, bem mais além, em virtude da reencarnação — chave mestra que abre as portas que permitem desvendar os grandes problemas que tanto trabalho têm dado aos penólogos, modernos e antigos.

Assegura o Espiritismo que:

a) pelo uso do livre-arbítrio, a alma fixa seu destino, prepara suas alegrias ou suas dores;
b) o destino é resultante, pelas vidas sucessivas, de nossas próprias ações e livres resoluções;
c) a liberdade e a responsabilidade são correlativas no ser e aumentam com sua elevação;
d) fatalidade (determinismo) e livre-arbítrio coexistem nos mínimos ângulos de nossa jornada planetária.

Expendem tais conceitos, fundamentais em Doutrina Espírita, Léon Denis, as entidades que ditaram a Codificação, instrutores espirituais na atualidade e companheiros encarnados, conceitos que retiramos, *data venia*, dessas fontes, para elaboração deste capítulo especializado.

Quando um Espírito, antes de reencarnar, escolhe a família, o meio social e as provas, de natureza moral ou física, por que tenha de passar, está usando a faculdade do livre-arbítrio, em concordância, no entanto, com situações e problemas do pretérito.

Segundo a maneira como se comporta junto à família, no meio social, e ante as provas em referência, cria o Espírito um "quadro de resgates" para o futuro, a que daríamos, em boa doutrina, o nome de "determinismo relativo".

Esse quadro pode sofrer alterações, não essenciais, em função da Misericórdia Divina e dos próprios méritos do

Espírito, e, ainda, dentro do preceito evangélico de que "o amor cobre a multidão de pecados".

O livre-arbítrio não é absoluto, mas sim relativo — relativo à posição ocupada pelo homem na escala dos valores espirituais.

Léon Denis, reportando-se ao livre-arbítrio, declara:

"O primeiro uso que o homem fizesse da liberdade absoluta seria para afastar de si as causas do sofrimento e para se assegurar, desde logo, uma vida de felicidade".

O conceito de Léon Denis exalta a sabedoria divina, ao graduar o livre-arbítrio, por cujo bom uso pode o homem fugir a provas e experiências pré-escolhidas, ou, então, superá-las evangelicamente, vencendo-as.

Conclui-se, assim, com o Espiritismo, que:

a) o homem não é absolutamente livre, como quer a Escola Clássica;
b) o homem não é inteiramente abúlico, como quer a Escola Antropológica;
c) o homem não é exclusivamente o produto do meio, conforme preconiza a Escola Crítica.

Subordina-se o homem a livre-arbítrio relativo e a determinismo relativo.

A reencarnação abre, com facilidade, os redutos do livre-arbítrio, exibindo-o, com simplicidade, aos estudiosos.

A palingenesia anula a ideia de que haja contradição entre livre-arbítrio e determinismo, oferecendo a ponte destinada a ligá-los entre si, de modo que se não choquem nas conjeturas do intelecto.

O homem que se torna criminoso, sob a influência oculta de um obsessor, é também responsável ante as Leis Divinas porque "cedeu" às insinuações cruéis da entidade que lhe armou o braço, uma vez que poderia resistir ao assédio mental do Espírito.

Igualmente aquele que comete homicídio em estado de embriaguez não está isento de responsabilidade, em face da interpretação espírita, porque "foi voluntariamente que o ébrio se privou da sua razão, para satisfazer as paixões brutais. Em vez de uma falta, *comete duas*" (o grifo é nosso, mas a explicação é dos Espíritos, na questão 848).

A responsabilidade, no entanto, não tem a mesma dimensão para todos os homens, nem para todos os atos.

A Justiça Divina faz as necessárias e sábias diferenciações, em consonância, ainda, com o preceito de Jesus: "ao que mais recebeu, mais será exigido".

33
PRÁTICA DO BEM

P. — Qual o verdadeiro sentido da palavra caridade, como a entendia Jesus?
R. — Benevolência para com todos, indulgência para as imperfeições dos outros, perdão das ofensas.
(Item 886.)

> Dá, porém, de ti mesmo aos semelhantes, em bondade e serviço, reconforto e perdão, cada vez que alguém se revele faminto de proteção e desculpa, entendimento e carinho.
> EMMANUEL

Entendemos, no ensino da Codificação e na palavra de Emmanuel, que, em resumo, caridade é prática do bem, a favor de nós e dos outros, preservando-nos, assim, de todos os males que nos possam prejudicar a marcha ascensional.

Caridade é Amor.

Tudo quanto se possa identificar com os ensinos de Jesus deve ser considerado caridade.

Os benefícios da caridade, como sinônimo de prática do amor, tem para os espíritas um sentido diferente, eis que transcendem os limites normais das interpretações humanas.

A caridade, em função da Lei de Causa e Efeito, abrange todas as etapas do aperfeiçoamento espiritual: passado, presente, erraticidade (período entre uma desencarnação e a próxima reencarnação) e futuras reencarnações.

O bem que fizermos hoje — assim no-lo ensinam os instrutores espirituais — será nosso advogado amanhã, em qualquer parte.

Analisemos, pois, os benefícios do Amor, no seu mais amplo sentido.

Nenhum de nós está no mundo pela primeira vez.

Todos os seres encarnados, na Terra, viveram outras existências.

Lutaram e sofreram.

Erraram e acertaram.

Distribuíram benefícios e prejuízos, em existências mais ou menos remotas.

Ninguém reencarnou perfeito. Todos nós palmilhamos os caminhos mais escusos da evolução.

Criados "simples e ignorantes", penetramos, pelo uso do livre-arbítrio, no cipoal dos mais sombrios equívocos do coração.

Sem embargo das claridades que se fazem, já, em nosso roteiro, mercê da luz do Evangelho e da sublimidade da Doutrina dos Espíritos, somos, ainda, almas em processo de redenção e aperfeiçoamento, no trabalho em favor de nossos semelhantes.

Viemos de passado nada recomendável, em vidas que se foram, em que a tônica de nosso comportamento foram infrações, continuadas, à lei do amor, com as quais criamos adversários, surgindo, com eles, animosidades e rancores que, naturalmente, transpuseram as linhas da normalidade, convertendo-se em ódios.

Se viemos, pois, de pretérito delituoso, por certo contraímos débitos, na semeadura do mal.

Os compromissos e vinculações do passado vigiam-nos, assim, de perto, estejamos ou não no aparelhamento físico, por via da Imanente Justiça.

A prática do bem, no presente, traz em si mesma os mais sadios efeitos para nós.

Interrupção de hostilidades, geradoras de novos débitos.

Ressarcimento de dívidas, com o bem praticado a adversários de ontem, ou, mesmo, a não adversários.

Reconciliação com verdugos ou vítimas.

Não há quem se não comova ante o "homem bom".

Quem se confie ao apostolado do bem, substituindo os sentimentos malévolos pelo mais puro amor ao próximo, sensibilizará adversários ferrenhos, que o espreitam do plano invisível, podendo transformá-los, mais tarde, em amigos valiosos.

Experimente, descrendo da máxima "o amor cobre a multidão de pecados", aquele que duvidar...

Conclui-se, assim, com vistas ao reajuste de enganos cometidos no passado, quão salutar é a prática do bem, no dia que passa.

E com vistas ao presente? Evidentes são os benefícios da prática do bem, eis o que deduzimos em boa doutrina.

Em primeiro lugar, falaremos da paz de consciência.

Em segundo, do que representa o amor, como recurso autopsicoterápico.

Só tem paz de consciência, um dos mais transcendentes tesouros que o ser humano pode conquistar, quem vive para o bem, quem não pratica o mal.

Além da paz consciencial, construiremos, ainda, preciosas amizades espirituais, com encarnados e desencarnados.

Quem ama o próximo, defende-se contra o assédio dos desencarnados menos felizes, nos quais pode, inclusive, despertar simpatias edificantes.

O bem é, por conseguinte, valioso recurso autopsicoterápico, que merece ser experimentado pelos encarnados.

Muitas criaturas, possivelmente a grande maioria, são recebidas no mundo espiritual, após o transe da desencarnação, justamente por entidades que transitaram pela Terra no anonimato e que foram alvo de ação caridosa do recém-desencarnado.

As repercussões da prática da caridade — "benevolência para com todos, indulgência para as imperfeições dos outros, perdão das ofensas" — alcançam, sem dúvida, as futuras reencarnações.

Além de assegurar-se, na fase da erraticidade, uma vida liberada de sintonia com entidades inferiores, o Espírito terá oportunidade, quando se revestir de novo corpo, de *construir*, em vez de, simplesmente, *reconstruir*.

Prática do bem

Embora reconheçamos que *reconstruir* enganos e desastres do passado constitui meritório esforço do homem, muito mais importante é possa ele *construir*, com o bem, os fundamentos da sua e da felicidade de todos.

Terá reencarnações isentas de compromissos dolorosos aquele que, em vez de ódio, cultive o amor. É da lei: quem planta colhe, o que significa confirmar a sentença de Jesus de que "cada um receberá de acordo com as próprias obras".

Assim sendo, em conclusão, podemos esquematizar o assunto nas seguintes fórmulas:

a) débitos de ontem + omissão do bem, hoje = repetição da experiência, "amanhã".
b) débitos de ontem + débitos de hoje = "amanhã" comprometido e torturado.
c) débitos de ontem + prática do bem, hoje = vida equilibrada, "amanhã".
d) créditos de ontem, pela prática do bem + créditos de hoje, pela exemplificação do amor = "amanhã" iluminado, futuro redimido.

Este capítulo, de real interesse para todos nós, deve ser fechado com a chave de ouro do ensinamento de Jesus: "Reconcilia-te com o adversário, enquanto estás a caminho", o que, em Doutrina Espírita, significa: "aproveita a presente encarnação, para corrigires os desacertos espirituais de ontem e, mesmo, de hoje...".

34
PERDA DE ENTES QUERIDOS

P. — A perda de entes que nos são caros não constitui para nós legítima causa de dor, tanto mais legítima quanto é irreparável e independente da nossa vontade?

R. — Essa causa de dor atinge assim o rico, como o pobre; representa uma prova, ou expiação e comum é a lei. Tendes, porém, uma consolação em poderdes comunicar-vos com os vossos amigos pelos meios que vos estão ao alcance, *enquanto não dispondes de outros mais diretos e mais acessíveis aos vossos sentidos.*

(Item 934.)

Tranquiliza, desse modo, os companheiros que demandam o Além, suportando corajosamente a despedida temporária, e honra-lhes a memória abraçando com nobreza os deveres que te legaram.

EMMANUEL

A resignação com que os espíritas aceitam a desencarnação de seus entes queridos, familiares e amigos é alguma coisa de impressionar aqueles que não estão identificados com a consoladora Doutrina dos Espíritos.

Nos lares em que viceja a fé espírita, em vez de desespero, o que se observa, em tais ocasiões, é a serenidade de todos, a calma evangélica, o esforço para que a Vontade Divina, expressa pelas leis de Justiça e Misericórdia, seja submissamente entendida.

Não queremos dizer, com isto, sejamos criaturas insensíveis, que não tenhamos saudade dos que se foram.

O espírita aceita a desencarnação como um imperativo biológico-espiritual próprio da existência humana.

Entende que "ninguém nasceu para semente", como se diz quando se deseja falar de longevidade corporal, ou de uma absurda, inconcebível imortalidade física...

O espírita é um ser igual a todos, tendo as mesmas emoções, os mesmos sentimentos, as mesmas lutas.

Sofre, como os demais, mas procura se esforçar, amparado na convicção doutrinária, refugiado no consolo evangélico, no sentido de aceitar, tanto quanto possível valorosamente, as separações.

O conhecimento da preexistência espiritual, bem assim os informes, seguros e claros, sobre a continuidade da vida além do túmulo, concorrem, conjuntamente, para dar ao espírita singular resistência, que a muitos surpreende.

A saudade em que humanamente se mergulham os espíritas, após a partida de entes amados, não é a saudade mórbida, que aniquila, que arrasa ou consome o restante da existência de quem ficou.

Não é uma saudade que torna a criatura imprestável, incapaz de produzir, inapta para a vida, sem condições para superar aflitivas recordações, que lhe repercutem no mundo interior à maneira de avassaladoras toneladas de angústia.

A nossa saudade — a "saudade espírita", assim permitam a conceituemos — converte a lembrança do ser amado em estímulo ao trabalho, para que o progresso espiritual não sofra solução de continuidade.

A dor das separações não é, para o espírita, maior do que a certeza de que a vida prossegue, além do corpo físico, repleta de oportunidades, para que honremos a memória dos que se foram, abraçando tarefas edificantes, que falem de fraternidade e amor ao próximo.

As lágrimas do homem de fé não são lágrimas de quem consente, vencido, que o sofrimento lhe domine os redutos do coração, destroçando-o.

Não são lágrimas amargas de quem se revolta, de quem se confia às blasfêmias contra Deus, contra Jesus, contra tudo, contra todos.

É o pranto discreto, a lágrima silenciosa a deslizar, como cintilante pérola, pelo rosto combalido, mas não desesperado.

É o pranto, bem humano, de quem define a existência terrestre por uma etapa entre tantas outras, possibilitando ao Espírito eterno novos corpos, mais tarde, a fim de que, amando e servindo, aprendendo e trabalhando, prossiga em seu roteiro de ascensão e felicidade, no rumo de Deus, nosso Pai.

Além disso, sabemos nós que os desencarnados recebem o impacto vibracional do pranto descontrolado, da angústia impregnada de revolta, da inconformação alucinada.

Os que partiram, antes de nós, recebem, sentem e sofrem os efeitos de nossa atitude mental desajustada.

Serão prejudicados, espiritualmente, em face do comportamento daqueles que, por não entenderem a desencarnação por fenômeno natural e inevitável, que a todos atingirá um dia, desequilibram-se quando se verificam separações no ambiente doméstico.

"As dores inconsoláveis dos que sobrevivem" — afirmam os amigos espirituais — "refletem-se, penosamente, nos que partiram."

Sejam, embora, sensíveis à lembrança e às saudades "dos que lhes eram caros na Terra" — disseram, ainda, os Espíritos —, a dor continuada os toca de maneira chocante, não só sob o ponto de vista vibracional, mas, também porque nela identificam "falta de fé no futuro", nesse futuro de que estão participando muitas vezes em clima de grande felicidade, na companhia de almas queridas.

Se os que ficaram choram de saudade, os que partiram choram, por sua vez, pelos prejuízos advindos ao adiantamento daqueles.

Diz Kardec: "Estando o Espírito mais feliz no Espaço que na Terra, lamentar que ele tenha deixado a vida corpórea é deplorar seja feliz".

Qual de nós, amando certa criatura, ficaria triste por vê-la feliz, desfrutando indefiníveis júbilos?

Orar, com amor, pelos que se foram, eis o nosso dever.

"Quando semelhante provação te bata à porta, reprime o desespero e dilui a corrente da mágoa na fonte viva da oração, porque os chamados mortos são apenas ausentes e as gotas de teu pranto lhes fustigam a alma como chuva de fel", aconselha, carinhosamente, Emmanuel.

A morte é oportunidade para que pensemos na existência da alma, na sua sobrevivência e comunicabilidade com os vivos da Terra, através dos médiuns, da intuição, ou durante o sono.

A morte é, ainda, ensejo para que glorifiquemos a Indefectível Justiça, que preside a vida em todas as suas manifestações.

Na linguagem espírita, a morte é, tão somente, transição de uma para outra forma de vida. Mudança de plano, simplesmente.

Com a desencarnação, abandona o Espírito a veste corporal, que lhe fora temporariamente cedida.

Continua, nos planos invisíveis, sua caminhada.

Prossegue, como ser pensante, carente de evolução, a longa viagem na direção do Infinito.

Interpretada sob este ângulo, nada pavoroso, que é, em síntese, o ângulo realmente doutrinário, a morte não é ocorrência aniquiladora da vida, mas, isto sim, glorioso cântico de imortalidade, em suas radiosas e sublimes manifestações.

O espírita — porque acredita na imortalidade e na continuidade dos afetos cultivados no plano terrestre —

tem, segundo a palavra de Entidades superiores, falando a Kardec, a consolação de que se poderá comunicar com os amigos que o anteciparam na Grande Viagem.

A complementação de Emmanuel, no fecho deste capítulo, é indispensável: "Tranquiliza, desse modo, os companheiros que demandam o Além, suportando corajosamente a despedida temporária, e honra-lhes a memória abraçando com nobreza os deveres que te legaram".

35
Suicídio

P. — Tem o homem o direito de dispor da sua vida?
R. — Não; só a Deus assiste esse direito. O suicídio voluntário importa numa transgressão desta lei.
(Item 944.)

Guarda, pois, a existência como dom inefável, porque teu corpo é sempre instrumento divino, para que nele aprendas a crescer para a luz e a viver para o amor, ante a glória de Deus.

Emmanuel

Suicídio...

Uma das mais terríveis palavras nos dicionários humanos...

Pronunciada, "afunda o chão sete palmos", como diziam os mais antigos, ao se referirem às coisas mais sinistras da vida.

Só Deus dispõe do direito à vida, por intermédio de suas leis, lembram os instrutores espirituais, ao ser ventilado, na Codificação, o assunto.

Estudaremos o doloroso tema com a esperança de que seja ele um incentivo à vida, por mais difícil se nos afigure ela, partindo dos seguintes pontos:

a) causas frequentes do suicídio;
b) quadro geral da situação dos desertores da vida no plano espiritual;
c) consequências em futuras reencarnações.

Difícil seria abranger, no simples capítulo de um livro, problema tão angustioso e sombrio, que se tem agravado, ultimamente, nas comunidades terrestres elevando as estatísticas mundiais.

Que poderá levar o homem a recorrer ao gesto extremo?

Eis a pergunta, inquietante, que a mente humana formula, em todos os continentes, em face da incidência de suicídios em milhares e milhares de lares do mundo — em lares humildes, em lares de mediana condição, em palácios suntuosos!...

Anotaríamos, em tese, as principais motivações, crendo, no entanto, que outros estudiosos do assunto possam aduzir novas razões, às quais acrescentaríamos, evidentemente, as por nós relacionadas:

a) falta de fé;
b) orgulho ferido;
c) esgotamento nervoso;

d) loucura;
e) tédio da vida;
f) moléstias consideradas incuráveis;
g) indução de terceiros, encarnados ou desencarnados.

Acreditamos, firmemente, que a falta de fé responde pela quase totalidade dos suicídios.

A fé é alimento espiritual que, fortalecendo a alma, põe-na em condições de suportar os embates da existência, de modo a superá-los convenientemente.

A fé é mãe extremosa da prece. E quem ora com fé tem o entendimento aclarado e o coração fortalecido, eis que, segundo Emmanuel, quando a dor nos "entenebrece os horizontes da alma", subtraindo-nos "a serenidade e a alegria, tudo parece escuridão envolvente e derrota irremediável", induzindo-nos ao desânimo e insuflando-nos o desespero; todavia, *se acendemos no coração "leve flama da prece, fios imponderáveis de confiança"* ligam-nos o ser a Deus.

Analisando as demais causas, observamos que todas elas tiveram por germe, aqui e alhures, na Terra ou noutros mundos, nesta ou em encarnações pretéritas, a ausência da fé.

O orgulho ferido é, também, falta de fé, porque a fé conduz à humildade profunda, e esta é inimiga do orgulho. É o seu melhor, o seu mais poderoso antídoto.

O orgulho ferido pode levar o homem a sérios desastres que se perpetuarão, durante séculos, em seu carma.

O esgotamento nervoso, que poderia ser evitado, no seu começo, se movimentados pudessem ter sido os recursos da "oração, filha da fé", pode conduzir o ser humano, nessa altura já fortemente assediado por forças obsessoras, ao extremo gesto.

A loucura, por sua vez, responde por elevado número de deserções do mundo.

E o chamado "tédio da vida"? Quantas cartas foram deixadas por suicidas referindo-se ao "cansaço da vida" e implicações correlatas?

Por quê? *Ausência de fé*, evidentemente da fé que reside e brota dos escaninhos mais sagrados e mais profundos da alma eterna.

Sim, há muita fé que existe, apenas, nos lábios.

A fé iluminada pela razão, que é a fé espírita, capaz de encarar o raciocínio "face a face, em todas as épocas da Humanidade", suporta e vence, resiste e transpõe os mais sérios obstáculos, inclusive os relacionados com uma existência dolorosa, sob o aspecto moral ou físico, fértil em aflitivos problemas.

Quem tem fé não deserta da vida, pois sabe que os recursos divinos, de socorro à Humanidade, são inesgotáveis. Não esvaziam os mananciais da misericórdia de Deus!

Ante moléstia considerada incurável, procura o enfermo, algumas vezes, no suicídio, a solução do seu problema.

Infeliz engano, pois a ninguém é lícito conhecer até onde chegam os recursos curadores da Espiritualidade superior, que é a representação da Magnanimidade divina.

Quantas vezes amigos de Mais Alto intervêm, prodigiosamente, quando a Medicina, desalentada, já ensarilhara as armas, por esgotamento dos próprios recursos?!...

Há outro tipo de suicídio, aquele que resulta da indução, sutil ou ostensiva, de terceiros, encarnados ou desencarnados, especial e mais numerosamente dos desencarnados, não sendo demais afirmar, por efeito de observação, que a quase totalidade dos autoextermínios foi estimulada por entidades perversas, inimigas ferrenhas do passado, que, ligando-se ao campo mental de quantos idealizam, em momento infeliz, o suicídio, corporificam-lhe, na hora adequada, a sinistra ideia.

Julgamos ter analisado, com razoável acervo de exemplos, as causas mais frequentes do suicídio.

Estudemos, agora, o quadro geral da situação dos trânsfugas da vida, após a morte.

A ilusão do suicida é de que, com a extinção do corpo, cessam problemas e dores, mas a palavra de André Luiz, revestida da melhor essência doutrinária, informa que sai ele do sofrimento, *para entrar na tortura...*

Relatos de antigos suicidas e obras especializadas, de origem mediúnica, falam-nos, inclusive, de vales sinistros, nos quais se congregam, em tétricas sociedades, os que sucumbiram no autoextermínio.

Nessas regiões, indescritíveis na linguagem humana, os quadros são terríveis:

Visão constante das cenas do suicídio, seu e de outrem.

Recordação, aflitiva, dos familiares, do lar distante, dolorosamente perdidos na insânia.

Saudade da vida — vida que o próprio suicida não soube valorizar, por lhe haver faltado um pouco mais de confiança na ajuda de Deus, que tem sempre o momento adequado para chegar...

Outras vezes, solidão, trevas, pesadelos horrendos, com a sensação, da parte do infeliz, de que se encontra "num deserto, no qual os gritos e gemidos têm ressonâncias tétricas".

Os mais variados efeitos psicológicos e as mais diversas repercussões morais tornam a presença do suicida, no mundo espiritual, um autêntico inferno, em que estagiará não sabemos quanto tempo, tudo dependendo de uma série de fatores que não temos condições para aprofundar, eis que inerentes à própria Lei de Justiça:

Ataques de entidades cruéis.

Acusações e blasfêmias.

Sevícias e sinistras gargalhadas povoam a longa noite dos que não tiveram coragem para enfrentar o tédio, a calúnia, o desamor, a desventura...

Se pudessem os homens levantar uma nesga da Vida espiritual e olhar, a distância, as cenas de torturante sofrimento a que são submetidos os suicidas, diminuiriam, por certo, as estatísticas, mesmo nos mais conturbados e infelizes continentes.

O Espiritismo, descortinando tais horizontes, dizendo aos homens que a vida é patrimônio de Deus, que lhes não cabe destruir, cumprirá na Terra sua augusta missão de acabar com os suicídios.

E agora, afinal, apreciemos as consequências com vistas às futuras existências.

Se a tortura do Espírito, após o suicídio, é horrível, seu retorno ao mundo terreno, pela reencarnação, far-se-á na base das mais duras penas.

Reencarnações frustradas, isto é, que se interromperão quando maior for o desejo de viver, o "anseio de vida" — vida que ele não teve fé suficiente para valorizar.

No capítulo das enfermidades impiedosas, preferível darmos a palavra a Emmanuel em *Religião dos Espíritos*, que, em notável estudo, sintetizou todas as consequências:

> Os que se envenenaram, conforme os tóxicos de que se valeram, renascem trazendo as afecções valvulares, os achaques do aparelho digestivo, as doenças do sangue e as disfunções endocrínicas, tanto quanto outros males de etiologia obscura; os que incendiaram a própria carne amargam as agruras da ictiose ou do pênfigo; os que se asfixiaram, seja no leito das águas ou nas correntes de gás, exibem processos mórbidos das vias respiratórias, como no caso do enfisema ou dos cistos pulmonares; os que se enforcaram carreiam consigo os dolorosos distúrbios do sistema nervoso, como sejam as neoplasias diversas e a paralisia cerebral infantil; os que estilhaçaram o crânio ou deitaram a própria cabeça sob rodas destruidoras, experimentam desarmonias da mesma espécie, notadamente as que se relacionam com o cretinismo, e os que se atiraram de grande altura reaparecem portando os padecimentos da distrofia muscular progressiva ou da osteíte difusa.
> Segundo o tipo de suicídio, direto ou indireto, surgem as distonias orgânicas derivadas, que correspondem a diversas calamidades congênitas, inclusive a mutilação e o câncer, a

surdez e a mudez, a cegueira e a loucura, a representarem terapêutica providencial na cura da alma.

O suicídio, longe de ser a porta da salvação, é o sombrio pórtico de inimagináveis torturas.

Que nenhum ser humano, em lendo estas considerações doutrinárias, homem ou mulher, consinta a permanência em sua mente, *um instante sequer*, da sinistra ideia de exterminar a própria vida, a fim de evitar que, sob o estímulo e a indução de adversários cruéis, venha a cometer a mais grave das infrações às Leis Divinas.

Este o apelo que o Espiritismo, por seus humildes expositores, faz descer sobre os corações sofredores.

36
Penologia e eutanásia

P. — Quando uma pessoa vê diante de si um fim inevitável e horrível, será culpada se abreviar de alguns instantes os seus sofrimentos, apressando voluntariamente sua morte?

R. — É sempre culpado aquele que não aguarda o termo que Deus lhe marcou para a existência. E quem poderá estar certo de que, malgrado as aparências, esse termo tenha chegado; de que um socorro inesperado não venha no último momento?

(Item 953.)

...o próprio Cristo arrancou Lázaro às trevas do sepulcro, para que o amigo dileto conseguisse dispor de mais tempo para completar o tempo necessário à própria sublimação.

Emmanuel

Tão grande é a responsabilidade espiritual no suicídio, quanto na prática da eutanásia, ou morte suave, antecipada, conhecida na tradição popular por *chá da meia-noite*.

O suicídio ou autoextermínio, constitui, sob o ponto de vista do Espiritismo, uma das mais sérias infrações às leis da vida.

Por ele, corta-se o fio da existência. É, assim, crime gravíssimo ante os códigos da Vida Imortal.

A eutanásia igualmente o é, seja por iniciativa de outrem ou do próprio indivíduo, seja por processos violentos ou gradativos, pela ingestão de drogas letais, em doses continuadas.

Entendemos, portanto, no suicídio e na eutanásia, tragédias morais, — uma vez que ferem, frontalmente, a Vontade Divina, alterando-lhe os desígnios.

O suicídio, antecipando, conscientemente, a morte, é, em alguns casos, um processo eutanásico.

A eutanásia, no entanto, executada à revelia da vítima, tem sentido de homicídio.

Nélson Hungria, grande penólogo brasileiro, em seus *Comentários ao Código Penal*, vol. V, arts. 121 a 136, oferece-nos valiosos subsídios contrários ao homicídio eutanásico, por luminosos conceitos, de fundo essencialmente espírita.

Leiamos o notável cultor das letras jurídicas: "Segundo um conceito generalizado, o homicídio eutanásico deve ser entendido como aquele que é praticado para abreviar piedosamente o irremediável sofrimento da vítima, e a pedido ou com o consentimento desta", esclarecendo o eminente patrício que a tese de Binding e Hoche, autores alemães, "que patrocinavam a extensiva permissão da eutanásia, não teve ressonância alguma no direito positivo".

E continua, inspirado:

O homem, ainda que irremediavelmente acuado pela dor ou minado por um mal físico, não é precisamente a rês estropiada, que o campeiro abate. Repugna à razão e à consciência que se possa confundir com a prática deliberada de um homicídio o nobre sentimento de solidariedade e abnegação que manda acudir os enfermos e desgraçados. Além disso, não se pode olvidar que o sofrimento é *um fator de elevação moral* (o destaque é nosso). Não nos arreceemos, nesta época de retorno ao espiritualismo, de formular também o argumento religioso: eliminar o sofrimento com a morte é ato de estreito materialismo, é desconhecer que uma alma sobrevive ao perecimento do corpo e que a dor é *o crisol em que essa alma se purifica e se redime para a sua progressiva ascensão às claridades eternas.*

Ainda é nosso o destaque.

E, finalizando seus luminosos conceitos, escreve o notável penólogo: "Mas, se devemos chorar sobre a dor alheia, quando sem cura e sem alívio, a lágrima de nossa compaixão e do nosso desespero, não podemos jamais interceptar uma existência humana na sua função finalística, que se projeta além das coisas terrenas".

"A licença para a eutanásia deve ser repelida, principalmente, em nome do direito", diz ainda o consagrado Nélson Hungria.

Em face da Doutrina dos Espíritos, é o homicídio eutanásico um desrespeito às Leis Divinas, no que toca a um dos seus mais sublimes aspectos: o direito à vida!

O indivíduo que autoriza a própria morte não está, não pode estar na integridade do seu entendimento. O apego à vida é um sentimento tão forte, que o homem, no seu estado psíquico normal, prefere todas as dores e todos os calvários à mais suave das mortes.
Defender a eutanásia é, sem mais nem menos, fazer a apologia de um crime. Não desmoralizemos a civilização contemporânea com o preconício do homicídio. Uma existência humana, embora irremissivelmente empolgada pela dor e socialmente inútil, é sagrada. A vida de cada homem até o seu último momento é uma contribuição para a harmonia suprema do Universo e nenhum artifício humano, por isso mesmo, deve truncá-la. Não nos acumpliciemos com a morte.

Em que regiões pairava a mente de Nélson Hungria, quando insculpia tão luminosos conceitos, em desacordo com a jurisprudência de inúmeros países? Fica a indagação...

Muita vez, em nome da piedade, com a boa intenção de abreviar ou suprimir sofrimentos do enfermo e de seus familiares e amigos, a eutanásia é praticada, o que lhe não tira a feição de assassínio.

Sem dúvida, boa é a intenção, porém o espírita, esclarecido, jamais a perfilhará, por entender, acima de tudo, que o sofrimento cristãmente suportado, até o final da existência corpórea, pode representar o término, o epílogo de provas necessárias à criatura, com vista à Vida Maior.

À luz da Doutrina dos Espíritos, compreende que no instante derradeiro o socorro divino pode levantar o quase morto; restituí-lo à dinâmica da vida, graças aos infinitos recursos da Espiritualidade superior.

Em nome do amor e da consolação, compreensíveis ante a intensidade do sofrimento, nas moléstias consideradas, sob o ponto de vista humano, incuráveis, não devemos subtrair do companheiro em processo redentor a oportunidade do resgate.

37
Remorsos

P. — Basta o arrependimento durante a vida para que as faltas do Espírito se apaguem e ele ache graça diante de Deus?
R. — O arrependimento concorre para a melhoria do Espírito, mas ele tem que expiar o seu passado.
(Item 999.)

> A cada momento, o Criador concede a todas as criaturas a bênção do trabalho, como serviço edificante, para que aprendam a criar o bem que lhes cria luminoso caminho para a glória na Criação.
>
> Emmanuel

Quem expõe, oralmente ou por escrito, sobre Espiritismo deve argumentar sempre, com lógica e clareza, que nele não encontrará o homem prerrogativas pessoais, no capítulo da realização em si mesmo.

Este aspecto da Doutrina dos Espíritos, que impõe responsabilidade individual e intransferível, em quaisquer circunstâncias da vida, no âmbito da lei de causa e efeito

— este aspecto do Espiritismo inegavelmente abrevia o processo da redenção e aperfeiçoamento do homem, uma vez que, excluindo-se a ideia de privilégios e favores, diretos ou indiretos, da Providência Divina, leva-nos a concentrar o máximo de esforço no sentido de enquadrarmos nossa vida, tanto quanto possível, nos padrões do Cristianismo.

Em sã consciência, nenhum espírita esclarecido julgar-se-á isento de experiências reabilitadoras, sob a alegação, doutrinariamente inconsistente, de que "se arrependeu do mal praticado" e, por tal motivo, justificado está perante as Leis Divinas.

As leis da vida são, efetivamente, magnânimas, misericordiosas, compassivas.

Entretanto, exatamente por serem justas e harmoniosas, por representarem o pensamento divino, atuam retificadoramente sobre quantos as infrinjam, destruindo, desta maneira, a errônea tese de que bastará ao homem arrepender-se para que se redima dos males cometidos.

Esclarece a Doutrina Espírita que não basta o arrependimento, se ele não se faz acompanhar, nesta ou noutra existência, da correspondente e inevitável reparação.

A bondade do Pai está em toda a parte; contudo, por mais estranho que pareça, colhe sempre o homem aquilo que semeia.

Com o entendimento aclarado pelo Espiritismo, ninguém poderá, quando assediado pelo remorso, a fustigar-lhe o mundo consciencial, confiar-se ao desânimo, à lamentação ou à revolta, como se revolta, lamentação e desânimo solvessem dívidas, equacionassem problemas, isentassem-nos de responsabilidade.

Se é verdade que o mal praticado "vem a cavalo e o remorso na garupa", o que vale dizer que este acompanha sempre aquele, como a sombra é inseparável do corpo, verdade é, também, que à luz do Espiritismo deve o remorso ter função restauradora do equilíbrio, sob pena de atirar-nos aos abismos da alucinação.

Todo remorso, em vez de anular-nos o espírito de reação, transformando-nos em seres apáticos, incapazes, vencidos, deve converter-se, com vistas ao reerguimento, em deliberado propósito de regeneração, guardando todos nós a certeza de que, na expressão de André Luiz, nosso erro de hoje não foi o primeiro, nem será o último.

Evidentemente, ninguém deverá interpretar o pensamento do elevado e querido Instrutor por incentivo à repetição, indefinida, das mesmas faltas, mas como reconhecimento caridoso e real às fraquezas humanas, as quais nos levam sempre a fazer o mal que não queremos e a não fazer o bem que desejamos, segundo o conceito de Paulo de Tarso.

O amor de Deus funciona sempre para construir e salvar. Nunca para destruir e perder.

Aquele que persistir no propósito de renovação espiritual jamais será dominado pelo sofrimento, pelo remorso: empregará sempre suas melhores energias no sentido de, reabilitando-se pela reparação da falta cometida, soerguer-se para a Luz Imortal.

A calma e a coragem no sofrimento, aliadas à fé e à oração, ao amor e ao trabalho, são elementos de reerguimento e progresso.

As melhores e mais proveitosas lições da vida não se encontram, como parece, nos livros, mas nas experiências sentidas pela própria criatura.

Um apólogo, uma história, podem, de fato, significar um sinal de alerta em nosso caminho. A experiência vivida funciona por cadinho purificador da alma, concitando-nos, vigorosamente, à tomada de melhores rumos.

O livro é sempre o grande e maravilhoso amigo da Humanidade. Convenha-se, no entanto, que ele apenas informa. A leitura, por conseguinte, é simples notícia.

A experiência pessoal corrige, educando. Sendo uma vivência e não simples informação, prepara-nos para comentimentos maiores no sentido da obtenção de valores definitivos para o Espírito eterno.

O obstetra, o ginecologista podem dar deslumbrante aula ante um grupo de estudantes de Medicina, pondo-os extasiados, em torno do delicado e sublime tema "maternidade", aos quais transmitirão, com proficiência, o resultado de seus estudos e observações.

Contudo, somente a sensibilidade feminina, que sofreu o transe da maternidade dolorosa e sacrificial, pode sentir e viver o divino mistério de sua alegria.

O remorso aflitivo, que resulta do arrependimento sincero, deve ser substituído pela reflexão e pela coragem moral da expiação de nossos erros.

O enunciado é essencialmente doutrinário e corresponde, em gênero, número e grau, aos mais elevados conceitos de amor e justiça que a Doutrina Espírita atribui a Deus — nosso Criador e Pai.

A advertência de Emmanuel, de que "a cada momento, o Criador concede a todas as criaturas a bênção do trabalho", constitui valiosa orientação para que, em vez de permitirmos a invasão, nos domínios da alma, do remorso improdutivo, por lamuriento, reunamos todas as nossas possibilidades, desenvolvidas ou latentes, no sentido de reparar o mal cometido.

Reabilitando-nos, corajosamente, das faltas praticadas, no ontem da vida, educaremos, com todas as forças do nosso coração, as definitivas construções do amor e do perdão, restaurando, assim, nossa consciência para o grande porvir.

No exame dos enganos que nos são peculiares, como criaturas imperfeitas, devemos levar em conta quatro pontos essenciais, a saber:

a) reconhecer, com humildade, o erro cometido;
b) não reproduzi-lo ou, pelo menos, tudo fazer no sentido de evitar sua repetição;
c) ajudar aqueles a quem ferimos;
d) sustentar-nos na fé e no trabalho, a fim de que a reabilitação se dê, gloriosa e sublime, uma vez que, indubitavelmente, o trabalho e a fé são alavancas de sustentação das almas enfraquecidas.

O remorso é, em si mesmo, inevitável. Convertamo-lo, pois, em oportunidade de progresso e felicidade.

38
Espiritismo e penas futuras

> P. — Em que se baseia a duração dos sofrimentos do culpado?
> R. — No tempo necessário a que se melhore. Sendo o estado de sofrimento ou de felicidade proporcionado ao grau de purificação do Espírito, a duração e a natureza de seus sofrimentos dependem do tempo que ele gaste em melhorar-se...
> (Item 1.004.)
>
> Em matéria, pois, de castigos, depois da morte, reflitamos, sim, na justiça da Lei que determina realmente seja dado a cada um conforme as próprias obras.
> Emmanuel

Estudaram os Espíritos minuciosamente, com Allan Kardec, o insigne e valoroso missionário da Codificação, o tema "Das penas e gozos futuros".

Surgiu, assim, com o advento do Espiritismo, numa época de intenso materialismo e de profundas transformações sociais, nova era para a Humanidade estonteada. Era de esperanças e consolações.

Consolações e esperanças que nenhuma outra doutrina, além do Cristianismo, por ele revivido, conseguira trazer à face planetária.

Com a Doutrina dos Espíritos, que desde o século passado brilha na consciência e no coração humanos, não mais a terrível concepção de um inferno absurdamente eterno, nem os horrores de impiedoso purgatório.

E Emmanuel completa: "o Céu começará sempre em nós mesmos e o inferno tem o tamanho da rebeldia de cada um".

Com o Espiritismo, o amor de Deus passou a nova e sublime dimensão, alicerçada na magnanimidade.

Cada um de nós se tornou responsável pelos próprios atos.

Mensageiros de Mais Alto vieram nos falar de situações transitórias, nos círculos espirituais inferiores, destinadas aos processos de autorretificação.

É possível — sinceramente o admitimos — que o ensino do inferno e do purgatório haja cumprido, nos idos da Humanidade, sua tarefa de reprimir, pelo temor, os abusos do homem, o que, no entanto, não mais se justifica, em nossos dias, quando somos convidados pela razão consciente a refletir, e, refletindo, darmos rumo ao nosso próprio destino.

Muito devemos a André Luiz no tocante a esclarecimentos sobre a vida além da morte, bem assim a outros autores, desencarnados e encarnados, cabendo-nos realçar a excelente monografia *A crise da morte*, de Ernesto Bozzano.

O ex-médico brasileiro, no entanto, vem transmitindo — de *Nosso Lar* a *Libertação* — farta literatura (seis notáveis livros) em que fornece segura orientação aos encarnados, que, antes, perguntavam, angustiados:

Como será a vida do Espírito, após a morte?

Para onde iremos e como iremos?

O que nos estará reservado?

O que faremos lá e o que de nós será feito?

Haverá céu? E inferno?

Com o advento do Espiritismo — o Consolador prometido —, dissiparam-se, inteiramente, as dúvidas.

Monografias de notáveis escritores focalizam o assunto.

Os Espíritos, atentos à argúcia filosófica de Allan Kardec, respondem às indagações, em todos os seus detalhes.

Emmanuel estuda as diversas conceituações de inferno, referindo-se ao que, sobre ele, pensam hindus e chineses, egípcios e gregos, hebreus e persas, romanos e escandinavos, muçulmanos e vários setores da atividade cristã.

E, ao estudar tão velho quanto palpitante tema, o esclarecido Instrutor acentua: "Disse-nos o Cristo: *O Reino de Deus está dentro de vós*, ao que, de acordo com ele mesmo, ousamos acrescentar: e o inferno também".

André Luiz, especialmente, servindo-se da missionária mediunidade de F rancisco Cândido Xavier, tornaria mais claros, ainda, os ensinos. Que não há penas eternas, di-lo a Codificação.

Duvidamos, mesmo, que a ideia das penas eternas, mesmo nos círculos não espíritas, tenha, na atualidade, sólida e convicta aceitação.

Cremos nós que entre os divulgadores das penas eternas exista, já, para uso interno, a certeza de sua irrealidade.

As leis humanas tendem a modificar-se e vão se modificando sempre, com o objetivo, indisfarçável, de amparar o culpado.

De dar ao criminoso oportunidade não "de sofrer", mas de "regenerar-se", a fim de que, recuperado moral e espiritualmente, seja reintegrado na sociedade.

Teriam de ser as Leis Divinas, criadas para tornar o homem feliz, inexoráveis, punitivas, cruéis, impiedosas, contrastando com a tolerante flexibilidade das leis dos homens?!...

Em regiões sombrias do mundo espiritual, próximas à crosta terráquea, localizam-se, efetivamente, Espíritos culpados — criminosos, suicidas, hipócritas, devassos, etc. — mas "pelo tempo necessário a que se melhorem", pois que Deus nunca "obra caprichosamente".

De dias, semanas, meses e anos pode ser, para o culpado, o tempo de sofrimento, segundo a natureza das faltas cometidas.

Tão logo surja, porém, a bênção do arrependimento sincero, começa o Espírito a preparar-se para a etapa seguinte: a da reparação dos males que haja praticado.

Criadas pela vontade do culpado as condições de reabilitação, na Espiritualidade ou na Terra, encontram os

Mensageiros de Deus recursos para instilar, em sua mente arrependida, já tocada pelo desejo de felicidade e de fuga ao desespero, elevados princípios que o levarão a soerguer-se, confiante, do báratro escuro para a renovação luminosa.

É profundamente humana a mensagem que o Espiritismo trouxe à Humanidade.

Confortador é o ensino por ele trazido a todos os homens que lhe dediquem alguns momentos de atenção, buscando conhecer-lhe as sublimes verdades.

Nada, portanto, de inferno, nem de purgatório, com suas penas eternas e seus terríveis efeitos.

A Doutrina Espírita preconiza, como realidade espiritual depois da morte, regiões de sofrimento transitório, criadas pelas mentes culpadas, cuja duração estará na razão inversa do esforço do culpado para readaptar-se ao bem, jamais condicionada ao cruel arbítrio de inexoráveis leis que o banissem das planícies da alegria e da esperança renovadora, para lançá-lo nos ignescentes labirintos do eterno desespero...

39
Sintonia

— É assim que Deus confia à nossa consciência a escolha do caminho que devamos seguir e a liberdade de ceder a uma ou outra das influências contrárias que se exercem sobre nós.

ALLAN KARDEC

— Nosso êxito ou fracasso dependem da persistência ou ida fé com que nos consagramos mentalmente aos objetivos que nos propomos alcançar.

EMMANUEL

Em todas as respostas que os Espíritos deram a Allan Kardec, o eminente Codificador da Doutrina Espírita no plano terreno, observa-se profunda sabedoria e raro equilíbrio, razão pela qual dizemos nós que o Espiritismo é a religião do bom senso e da lógica, em todos os ângulos do seu contexto filosófico-científico-religioso.

No que se refere ao problema da influência que os desencarnados, evoluídos ou involuídos, exercem sobre nós, bem assim no tocante à maior ou menor receptividade que lhes oferecemos, há apreciações realmente interessantes.

O assunto é objeto de substancioso estudo no capítulo "Da intervenção dos Espíritos", que nos propomos comentar em concordância com o sábio pensamento de Emmanuel.

Sigamos, pois, com Kardec, com os Espíritos que lhe ditaram os maravilhosos ensinos da Filosofia Consoladora e com o antigo senador romano, que os complementa: com o primeiro, a lucidez dos temas propostos às sublimes Entidades; com estas, a sabedoria das respostas, na forma sensata com que se revelam; e com Emmanuel, pela profunda beleza com que reveste as lições.

Uma das perguntas do mestre lionês: *Pode o homem eximir-se da influência dos Espíritos que procuram arrastá-lo ao mal?*

A resposta foi afirmativa, eis que os Espíritos menos felizes somente podem impor suas vontades às mentes que se afinam com eles, uma vez que o problema da sintonia vige em todos os fenômenos de que participa a mente humana.

Espíritos incorretos não podem levar o homem digno a se tornar um trânsfuga da sociedade, a não ser que tal homem possua, em si mesmo, imanifestos, os germes do desacerto e das tendências inferiores, prontos a desabrocharem tão logo surjam condições propícias.

Entidades desequilibradas, por mais insistentes que sejam, tendem a afastar-se daqueles que se negam atender suas estranhas vontades. Se resistimos, com firmeza e constância, evidentemente fogem eles para outros sítios mentais, nos quais lhes seja possível dar expansão aos seus propósitos. Materializarem, enfim, seus infelizes desígnios.

Indaga o insigne Codificador como pode o homem neutralizar a influência de Espíritos desumanos, tendo obtido a resposta de que a prática do bem e a fé em Deus repelem a influência dos Espíritos inferiores. Frustram-lhes o império que pretendam exercer sobre a mente encarnada.

Continuemos na linha de nossas considerações doutrinárias, com base na orientação dos Bons Espíritos, certos, ou pelo menos muito esperançosos de que a obra de esclarecimento se cumpre mediante a focalização, em larga escala, com singeleza e objetividade, de temas adequados.

O homem cansou de complicações. Exauriu-se nas complexidades da vida moderna, repleta de exigências, em sua maioria descabidas. Busca, na meditação e no trabalho nobre, o remédio para suas angústias. Encontra na literatura espírita, mediúnica ou não, o clima de paz que lhe dará alegria e paz interiores.

Espíritos benfazejos procuram inspirar-nos para o bem.

Espíritos inferiorizados buscam induzir-nos ao mal.

Esta a alternativa do problema, para todos nós, almas encarnadas para o aprendizado, a reabilitação, o progresso, no dia a dia de nossas lutas.

Os primeiros, cumprem missão renovadora, junto à Humanidade, em todas as suas "peças-homens", instilando na alma de todos nós, por gotas luminosas, princípios que engrandecem e elevam. São os Missionários do Amor.

Os segundos, influenciam em sentido contrário. Na indução para o mal, não cumprem missão, eis que, assim no-lo dizem as Entidades Codificadoras, "a nenhum Espírito é dada a missão de praticar o mal". São os instrumentos da sombra.

Quando uma entidade infeliz aproxima-se de uma inteligência encarnada, a fim de conduzi-la, pela intuição, à prática do mal, fá-lo por conta própria. Usa seu livre-arbítrio. Assume, naquele instante, a responsabilidade pelas consequências que advirão, de maneira inevitável, porque assim o prescreve a Lei Maior.

Focaliza Kardec, também, atento à mediania da condição humana, o problema relacionado com certos estados emocionais, próprios da criatura em luta no plano físico, que favorecem a "comunhão de espírito a espírito": angústias indefiníveis, depressões morais ou psicológicas, ansiedades, etc., ou em sentido inverso: íntima satisfação, incontidas alegrias, aparentemente injustificáveis, inexplicável bem-estar, etc.

Por que isso? — indaga-se.

Eis a resposta, plenamente aceita pelo bom senso: *É quase sempre efeito das comunicações em que inconscientemente entrais com os Espíritos, ou da que com eles tivestes durante o sono.*

Todos nós somos médiuns, entendida esta afirmativa no sentido de que oferecemos, por efeito de sintonia magnética, receptividade às sugestões da Espiritualidade, sugestões que se tornam de mais fácil realização segundo nossas disposições mentais.

Há, entre nós e o plano espiritual, um clima de constante e indefectível reciprocidade vibratória.

Espíritos agressivos, maldosos, cruéis influem mais preponderantemente sobre os encarnados do mesmo teor moral.

Criaturas tranquilas, bondosas, sensíveis, sintonizam-se com Espíritos da mesma ordem, absorvendo-lhes as inspirações generosas e puras.

Tudo está em nós, seja no bom, seja no mau sentido. Nossa mente é fulcro energético, criando forças que se associam, no plano espiritual, com energias semelhantes.

Emmanuel enriquece esta referência com as seguintes palavras: *De qualquer modo, porém, é no mundo mental que se processa a gênese de todos os trabalhos da comunhão de espírito a espírito.*

O sono é um estado de emancipação, parcial, da alma, ocasião em que se aguçam as nossas percepções.

Nossos encontros, enquanto dormimos, no mundo subjetivo, com Espíritos de todos os graus evolutivos, explicam certas disposições psicológicas ao despertarmos.

Ventilaram, ainda, os codificadores do plano mais nobre, o problema do aproveitamento, pelos Espíritos, de nossas disposições, com vistas à veiculação de ideias extraterrenas, de boa ou má procedência.

Falaram sobre a possibilidade de eles criarem circunstâncias que favoreçam a aceitação de ideias que nos desejam transmitir.

No plano físico, segundo as contingências humanas, como no espiritual, aproveitam os Espíritos menos esclarecidos nossas disposições íntimas: tristezas, angústias, situações de cólera, estados mórbidos, inclusive os de fundo patológico.

Por tudo isto é que, em quaisquer atitudes desacertadas que tomemos, prejudiciais a nós e aos nossos semelhantes, há sempre o benéfico princípio, irreversível princípio da responsabilidade —, benéfico porque é por esse princípio que se efetivam o nosso progresso, a nossa futura iluminação e, consequentemente, a nossa felicidade.

Um bom Espírito deseja, muita vez (e isto ocorre com bastante frequência, não tenhamos dúvida), ajudar um encarnado que sofre dor física ou moral, às voltas com problemas desta ou daquela natureza, de maior ou menor dimensão.

Que faz ele, uma vez que, atuando no mundo imponderável, não pode materializar o que deseja?

Resposta: Vai em busca de um coração generoso, sensível às intuições benevolentes, e, em forma de pensamento, sugere-lhe vá ao encontro do necessitado levar-lhe a palavra do reconforto, a ajuda financeira, ou qualquer outra modalidade de amparo, em visita aparentemente casual.

Os Espíritos de Luz precisam, portanto, contar com os encarnados de boa vontade, para que a luz da Misericórdia Divina brilhe, com mais frequência, nos sombrios campos de nosso orbe.

Da Espiritualidade superior, representativa da Bondade de Deus, procedem, sempre, as iniciativas sublimadas.

A nós outros, encarnados, compete a concretização do bem, no plano da ponderabilidade, junto aos nossos companheiros de aprendizado.

Daí, procede a necessidade de renovação idealística, de estudo, de bondade operante e de fé ativa, se pretendemos conservar o contato com os Espíritos da Grande Luz — aconselha-nos Emmanuel.

De modo geral, ressalvando, embora, a iniciativa pessoal, a nosso ver bem reduzida, de algumas criaturas devotadas ao socorro do próximo, é dos planos espirituais elevados, onde opera, soberana, a Mente Divina, que vêm as ideias sublimadas.

Sejamos, pois, fiéis e maleáveis executores dessas ideias generosas e santificantes, que, no silêncio das noites ou em momentâneas meditações, durante o dia, afloram em nós, concitando-nos ao "amor que cobre a multidão dos pecados".

40
Depois da morte

— Por ocasião da morte, tudo, a princípio, é confuso. De algum tempo precisa a alma para entrar no conhecimento de si mesma. Ela se acha como que aturdida, no estado de uma pessoa que despertou de profundo sono e procura orientar-se sobre a sua situação.

ALLAN KARDEC

— Não te esqueças, assim, de que terás também a boca hirta e as mãos enregeladas, na grande noite, e acende, desde agora, a luz do bem constante, na rota de teus dias, para que a sombra imensa te não furte ao olhar a visão das estrelas.

EMMANUEL

Com raríssimas exceções, as criaturas humanas sofrem perturbações durante e após a grande transição.

Em Doutrina Espírita, cremos que a afirmativa com que iniciamos o presente capítulo é aceita pela generalidade dos que a estudam, sendo também pacífico o entendimento de que tal perturbação não é igual para todos. Varia de indivíduo a indivíduo.

Naqueles que transpõem os pórticos espirituais inteiramente despreparados, em função do tipo de existência materialista e materializadora que levaram, mais forte é o desequilíbrio, dado que as impressões da vida corporal transferem-se, integralmente, para o plano da consciência desencarnada.

Os prejuízos e sofrimentos com que deparam os que vivem alheios a qualquer esforço pessoal, no campo das lutas renovadoras, podem ir de simples depressões, motivadas por complexos culposos, até os terríveis processos de tortura impostos pela mente que se liberou do corpo físico mas não se libertou das peias do remorso profundo.

Os que vivem em função do bem e da moral, embora sintam os efeitos do choque biológico da desencarnação, podem guardar, por algum tempo, impressões incomodativas; contudo, prontamente se reintegram nos trilhos do equilíbrio espiritual, com a consequente adaptação ao novo plano de vida, regido por leis até então por eles ignoradas.

De acordo com o Espiritismo, não há mistério, não há privilégios regendo a vida no plano subjetivo ou espiritual.

Além da morte, a posição evolutiva é que determina o estado da alma desencarnada — negativo ou positivo, feliz ou desventurado.

"...acende, desde agora, a luz do bem constante, na rota dos teus dias, para que a sombra imensa te não furte ao olhar a visão das estrelas" — adverte, carinhosamente, o respeitável Mentor, descortinando ante nossos olhos, ainda baços, os clarões do amor e da sabedoria.

Acender a luz do bem, para que não haja prolongado aturdimento, após a morte física.

Usar o combustível do amor, para que menor seja a perturbação e, assim, mais rápido se dê o despertamento e mais breve a recuperação do equilíbrio "além-fronteiras".

Ninguém, a não ser entidades com larga soma de experiência no trato com os enfermos desencarnados, poderá prever a intensidade e a duração das crises mentais que a maioria dos homens leva para o mundo espiritual.

É como acontece na esfera terrestre: somente o médico experimentado, de vasto tirocínio, poderá determinar, com razoável margem de probabilidades de acerto, a duração de certas crises orgânicas e, mesmo, a época aproximada da morte.

Em determinados gêneros de desencarnação, a inconsciência parcial ou total sobrevém ao desenlace, especialmente nas chamadas "mortes violentas".

A Providência Divina, caracterizando-se, invariavelmente, por infinita bondade e extrema misericórdia, funciona, em algumas ocasiões, por intermédio de sublimes Mensageiros, no sentido de que seja retardado o despertamento além-túmulo, para evitar consequências e efeitos dolorosos.

Quando o despertamento pode contribuir para aumentar a dor do recém-aportado aos continentes ultrafísicos, a providência, generosa e magnânima, é aguardarem os amigos espirituais o concurso do tempo, o extraordinário benfeitor, a fim de que se não contrariem universais princípios de misericórdia que substancializam as Leis Divinas.

Em casos de acidentes não provocados pelo próprio desencarnado, é realmente doloroso para o Espírito sentir, vivamente, o corpo dilacerado, os miolos estourados, os membros mutilados.

A lei funciona, atenuando ou agravando, na proporção da responsabilidade de cada um, quanto ao gênero de morte.

A recordação dos lances que o levaram à desencarnação, na época aparentemente incontornáveis, acentua o sofrimento, causando terrível mágoa pela compreensão de que desperdiçou o tesouro da existência.

A "saudade da vida", a saudade dos entes queridos que ficaram na retaguarda, no palco da Terra, punge-lhe o coração.

Em nome da Suprema Bondade, emissários celestes deixam, por vezes, os recém-desencarnados temporariamente envolvidos no magnetismo pesado com que se revestem. No entanto, tão logo o tempo funcione, beneficamente, os princípios de misericórdia, reconfortando e pacificando, dando coragem e bom ânimo, alcançam o coração em desequilíbrio, induzindo-o à confiança no Divino Poder.

Despertados no tempo próprio, os desajustados do coração e da inteligência, do sentimento e do raciocínio passam a receber os influxos da prece, que é o pão do Espírito, embora saibamos, todos nós, que a oração não nos exonera das lutas, mas ajuda-nos a transpô-las galhardamente.

Desta maneira, resumindo, doutrinariamente, os conceitos expendidos em *O Livro dos Espíritos* e a observação formulada, sabiamente, por Emmanuel, em torno da posição da alma após a morte física, podemos acentuar, por verdade doutrinária, que:

a) a alma despreparada e culpada cristaliza a mente em situações, pessoas e sentimentos;
b) verdadeiros dramas de consciência se desenrolam no palco ensandecido da mente que faliu deliberadamente;
c) a cristalização mental define-se por "uma parada no tempo e no espaço";
d) vibrações pesadas e angustiosas constituem cativeiro para a alma;
e) amigos espirituais, em nome do Amparo divino, observam, acompanham, contemplam e ajudam os que ingressam no mundo espiritual em posição de desajuste.

O esforço próprio é lei em todos os cometimentos evolutivos.

Na Terra e no Espaço, ninguém aprende, nem evolui, se não souber aproveitar o concurso, valioso, dos benfeitores espirituais.

Encarnados ou desencarnados, condicionamo-nos aos próprios recursos e valores espirituais; contudo, dadas as nossas milenárias imperfeições, dependemos, e muito, do auxílio dos Missionários da Luz...

O EVANGELHO NO LAR

Quando o ensinamento do Mestre vibra entre quatro paredes de um templo doméstico, os pequeninos sacrifícios tecem a felicidade comum.[1]

Quando entendemos a importância do estudo do Evangelho de Jesus, como diretriz ao aprimoramento moral, compreendemos que o primeiro local para esse estudo e vivência de seus ensinos é o próprio lar.

É no reduto doméstico, assim como fazia Jesus, no lar que o acolhia, a casa de Pedro, que as primeiras lições do Evangelho devem ser lidas, sentidas e vivenciadas.

O espírita compreende que sua missão no mundo principia no reduto doméstico, em sua casa, por meio do estudo do Evangelho de Jesus no Lar.

Então, como fazer?

Converse com todos que residem com você sobre a importância desse estudo, para que, em família, possam compreender melhor os ensinamentos cristãos, a partir de um momento de união fraterna, que se desenvolverá de maneira harmônica e respeitosa. Explique que as reflexões conjuntas acerca do Evangelho permitirão manter o ambiente da casa espiritualmente saneado, por meio de sentimentos e pensamentos elevados, favorecendo a presença e a influência de Mensageiros do Bem; explique, também, que esse momento facilitará, em sua residência, a recepção do amparo espiritual, já que auxilia na manutenção de elevado padrão vibratório no ambiente e em cada um que ali vive.

Convide sua família, quem mora com você, para participar. Se mora sozinho, defina para você esse momento precioso de estudo e reflexões. Lembre-se de que, espiritualmente, sempre estamos acompanhados.

Escolha, na semana, um dia e horário em que todos possam estar presentes.

O tempo médio para a realização do Evangelho no Lar costuma ser de trinta minutos.

---

[1] XAVIER, Francisco Cândido. *Luz no lar*. Por Espíritos diversos. 12. ed. 7. imp. Brasília: FEB, 2018. Cap. 1.

As crianças são bem-vindas e, se houver visitantes em casa, eles também podem ser convidados a participar. Se não forem espíritas, apenas explique a eles a finalidade e importância daquele momento.

O seguinte roteiro pode ser utilizado como sugestão:

1. Preparação: leitura de mensagem breve, sem comentários;
2. Início: prece simples e espontânea;
3. Leitura: *O evangelho segundo o espiritismo* (um ou dois itens, por estudo, desde o prefácio);
4. Comentários: breves, com a participação dos presentes, evidenciando o ensino moral aplicado às situações do dia a dia;
5. Vibrações: pela fraternidade, paz e pelo equilíbrio entre os povos; pelos governantes; pela vivência do Evangelho de Jesus em todos os lares; pelo próprio lar...
6. Pedidos: por amigos, parentes, pessoas que estão necessitando de ajuda...
7. Encerramento: prece simples, sincera, agradecendo a Deus, a Jesus, aos amigos espirituais.

As seguintes obras podem ser utilizadas nesse momento tão especial:

- *O evangelho segundo o espiritismo*, como obra básica;
- *Caminho, verdade e vida; Pão nosso; Vinha de luz; Fonte viva; Agenda cristã.*

Esse momento no lar não se trata de reunião mediúnica e, portanto, qualquer ideia advinda pela via da intuição deve permanecer como comentário geral, a ser dito de maneira simples, no momento oportuno.

No estudo do Evangelho de Jesus no Lar, a fé e a perseverança são diretrizes ao aprimoramento moral de todos os envolvidos.

FEB editora
Livro espírita para um novo mundo
www.febeditora.com.br
@febeditoraoficial
@febeditora

Conselho Editorial:
Carlos Roberto Campetti
Cirne Ferreira de Araújo
Evandro Noleto Bezerra
Geraldo Campetti Sobrinho – Coord. Editorial
Jorge Godinho Barreto Nery – Presidente
Maria de Lourdes Pereira de Oliveira
Miriam Lúcia Herrera Masotti Dusi

Produção Editorial:
Elizabete de Jesus Moreira

Capa:
Fatima Agra

Projeto Gráfico:
Redb Style

Normalização Técnica:
Biblioteca de Obras Raras e Documentos Patrimoniais do Livro

Esta edição foi impressa no sistema de Impressão pequenas tiragens, todos em formato fechado de 140x210 mm e com mancha de 100x170 mm. Os papéis utilizados foram o Off white 80 g/m² para o miolo e o Cartão 250 g/m² para a capa. O texto principal foi composto em fonte Minion Pro 12/17 e os títulos em Charlemagne Std 19/17. Impresso no Brasil. *Presita en Brazilo*.